L'inhumain

ou
la guerre en l'Homme

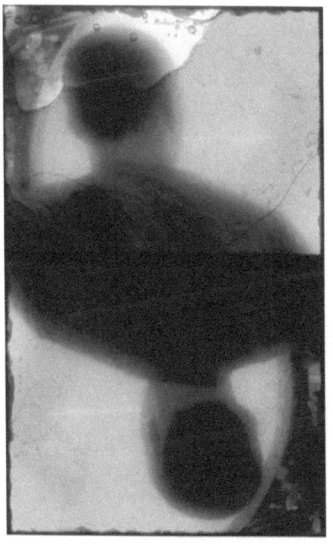

Bernard Gast

I Gallery Editions

Collection Essais (Philosophie & Esthétique)

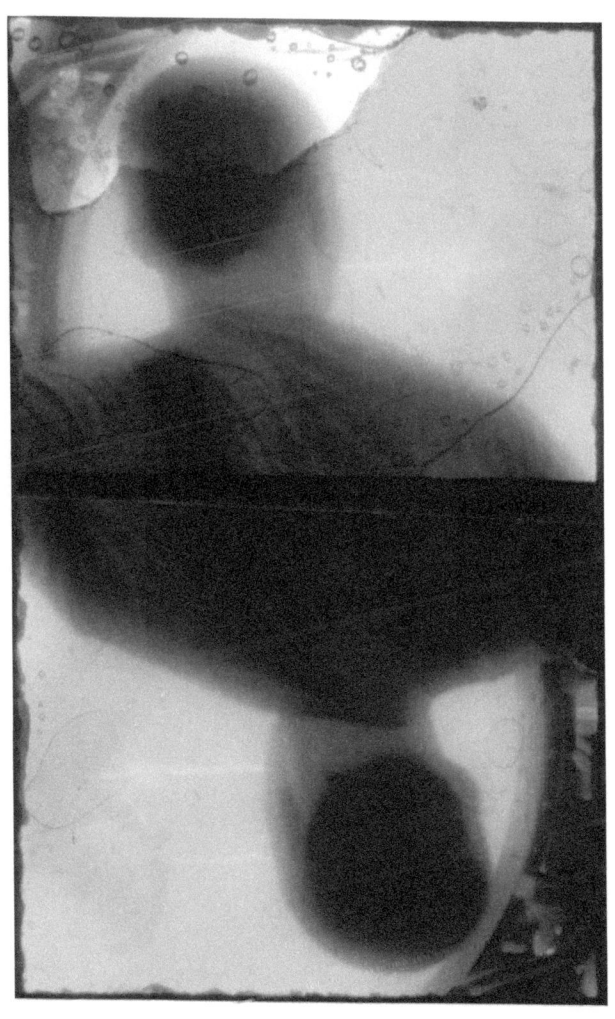

Copyright © 2022 I Gallery Editions

Tous droits réservés
ISBN : 9798804647934

Remerciements

L'ami Raphaël Loison écrit et quelle écriture ! Raphaël traduit aussi. Ici, je le remercie pour ses traductions anglaises. Raphaël traduit inspiré, toutes mes poésies. Ce livre aussi il l'a traduit en anglais. Merci l'ami...

Avertissement de l'éditeur

L'ambivalence affective de l'individu se noue d'un conflit intime et perpétuel de son désir. Cette guerre intérieure est aussi pesante et difficile à vivre qu'à expliquer, comprendre et accepter... De ce fait, la partie 1 peut parfois sembler indigeste, même si l'auteur préserve au maximum la clarté. Aussi espérons-nous que le lecteur aura la sage patience de saisir les concepts psychanalytiques et philosophiques complexes qui déchiffrent l'inhumain en l'Homme. Les parties 2 & 3 allègent cette analyse théorique par des exemples empruntés à la société contemporaine et à l'art. Le choix de lire uniquement ces deux parties ne nuit pas à la compréhension générale, mais en diminue le sens profond.

L'inhumain ou la guerre en l'Homme

Remerciements 5
Avertissement de l'éditeur 7

Introduction 15

Partie 1 – Ambivalence affective de l'individu :
              conflit intime perpétuel du désir 17

    I – De l'Humain 17

        § 1 – Le langage est l'humus humain
        § 2 – Le vide
        § 3 – La morale

    II – De l'inhumain 20

        § 1 – L'Homme est un loup pour l'Homme
        § 2 – La pulsion de mort
        § 3 – La Culture

    III – La loi des contraires et de l'ambivalence :
         positif du négatif 26

        § 1 – De la loi des contraires à
            la loi de l'ambivalence
        § 2 – Les deux références au langage
        § 3 – Développer la puissance de l'être

Partie 2 – Incidence contemporaine de l'ambivalence humaine déréglée : une société sans père 33

I – La dictature du narcissisme abusif 33

§ 1 – De 'l'inhumain' du sujet contemporain
§ 2 – Mutation du tissu social :
 l'insoutenable place d'exception
§ 3 – Conséquence contemporaine :
 l'oralité dévaluée

II – L'Homme fragmenté et ses conséquences 38

§ 1 – Système fragmenté
§ 2 – Perte de la vision globale
§ 3 – Destruction de la convivialité et
 de l'entraide

III – De la pulsion de mort d'un capitalisme financier violent au vivre ensemble 40

§ 1 – L'argent pour l'argent
§ 2 – La simplification du réel au calcul
§ 3 – Qu'est-ce que vivre ensemble ?

**Partie 3 – L'Art en synthèse sublimée
de l'ambivalence humaine** 49

**I – Goya, le désenchanteur :
le fond noir de l'Humain** 49

§ 1 – Réquisitoire graphique
contre l'inhumain en l'Homme
§ 2 – *Les Caprices* (1799)
§ 3 – *Les désastres de la guerre* (1810-1820)

**II – *Les Désarrois de l'élève Törless*
pressentent le fascisme** 61

§ 1 – Abrégé du livre de Robert Musil
§ 2 – Archétype d'une déshumanisation
§ 3 – Horde de trois 'sans-autrui' au XXe siècle

**III – *Guernica* : peindre l'Histoire et
l'inhumain de l'Homme** 67

§ 1 – Le dessin et la couleur :
armes contre la guerre
§ 2   La prémonition dc la barbarie
§ 3 – Une Peinture d'Histoire

Conclusion 75

Notes bibliographiques & Illustrations 79

À propos de l'auteur 87

Les numéros indiqués entre parenthèses correspondent à des renvois vers les **Notes bibliographiques et les illustrations** qui se situent en fin de l'ouvrage.

"Humain, trop humain, (...) est le monument commémoratif d'une crise (...) là où vous voyez des choses idéales, moi je vois... des choses humaines, hélas ! trop humaines ! (...) On dirait qu'un certain 'intellectualisme' au goût aristocratique s'efforce constamment de dominer un courant de passion qui gronde par en dessous" (1).

Le "*trop humain*" de Friedrich Nietzsche n'évoque-t-il pas d'emblée du non humain ? Trois mots – *l'inhumain en l'Homme* – trois clefs liées les unes aux autres et... la préposition 'en', au centre, qui décèle une dualité interne à l'intérieur un être inhumain. Tel un schisme le parcourant, l'Homme est en guerre perpétuelle entre le Bien et le Mal. Cette rupture intime et morale le divise en deux penchants contraires. Cette "*ambivalence affective*" (2) (2 bis) émerge du couple humain-inhumain qui le traverse éternellement sous forme d'un conflit du désir. Qu'est-ce à dire ?... (Partie 1).

Intérieur à l'individu, ce divorce s'inscrit au sein de l'équilibre social qui de ce fait, se révèle sans cesse précaire. Aujourd'hui, n'apparaît-il pas une société sans père, menacée par la pulsion de mort alors qu'elle appelle la vie ? (Partie 2).

L'Art contient également ce dualisme humain : en exemple les artistes Francisco Goya, Robert Musil et Pablo Picasso le déchiffrent avec pertinence.
Certaines œuvres offrent en effet une sublime synthèse de notre ambivalence (Partie 3).

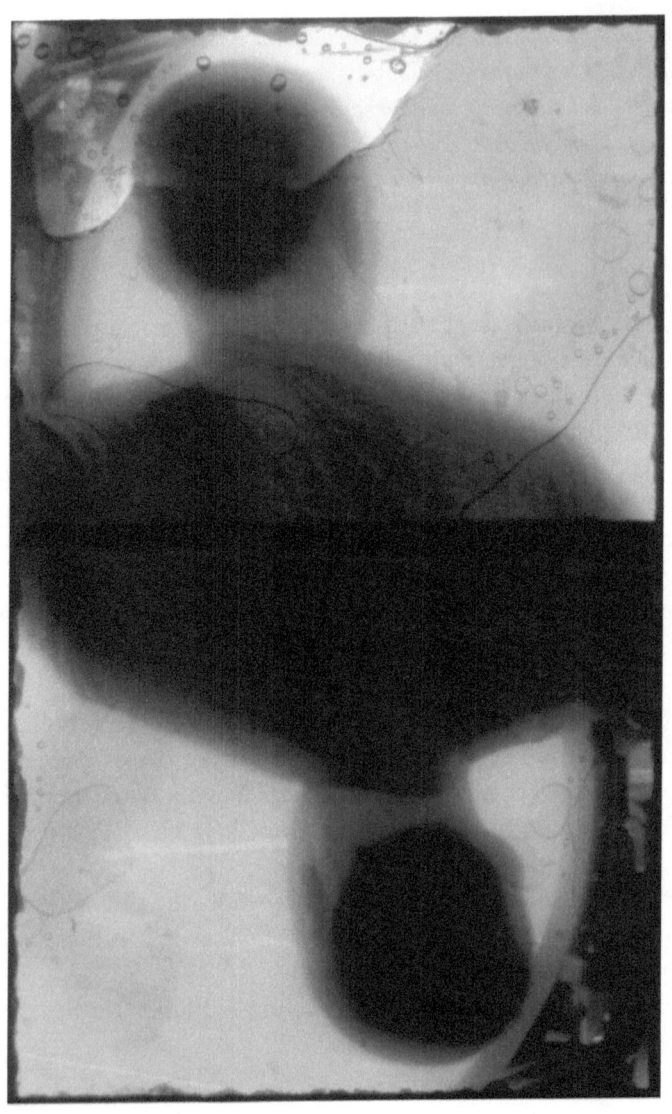

Partie 1 – Ambivalence affective de l'individu : conflit intime perpétuel du désir

Avant la duelle dynamique (III), l'inhumain (II) en l'Homme sous-entend son humanité (I). L'humain navigue entre le langage (§ 1), le vide (§ 2) et la morale (§ 3).

I – De l'humain

§ 1 – Le langage est "*l'humus humain*" (3)

Le langage fonde tout homme comme le signifie Freud avec *Totem et tabou* (33) (in II-§ 3). Pour sa part, Jacques Lacan évoque le symbole comme symbolique et poursuit : "*l'homme parle donc, mais c'est parce que le symbole l'a fait homme*" (4). La parole constitue l'Humain, advenu lui-même grâce à la parole d'un autre. La non-parole est Nature. La parole est Culture. Par l'acte de dire et ses effets, le symbole possède le pouvoir du signifiant et de nommer quelqu'un à quelqu'un. "*La fonction du langage n'est pas d'informer ; elle est d'invoquer*" (4). Et... le langage forme "*l'humus humain*" (3) à condition que cette parole n'institue pas un pouvoir coercitif.... plutôt un langage qui crée et protège l'égalité et la liberté des membres d'une Société. Dieu, Chef, Roi, Président, père, etc. Bref, ces figures qui incarnent une place d'exception face à la communauté ne sont pas censées exercer la contrainte car le langage est leur autorité prédominante. Leur force de conviction domine leur force physique. Leur rôle est moins de donner des ordres que de remémorer aux personnes les lois de la Communauté. A l'aide du langage, ces images symboliques sont également chargées de calmer les désaccords entre les personnes.

Mais, Parler est une manière d'accepter de perdre en jouissance. Il existe du vide fondamental dans la parole.

§ 2 – Le vide

En 1974, Lacan réintroduit la dimension de la pulsion et sa portée dans la parole avec le terme de *parlêtre* :
"*l'être charnel ravagé par le verbe, qui parle cette chose (...) qui strictement ne tient [qu'à lalangue] *, à savoir l'être*" (5) (5bis). Le langage forme l'invariant anthropologique central et parler garantit l'humanisation. Par l'épreuve de la castration, l'éducation constitue la gardienne de l'équilibre entre le collectif et l'individuel.

Dans un séminaire inédit du 5 janvier 1966, (6) Lacan établit *l'Objet a* (7), singulier et indicible, dans son rapport au monde des objets. Cet "*objet a*" forme un élément intermédiaire puisqu'il donne par comparaison, "*valeur de vérité*" (7) au reste des objets. Sa caractéristique majeure est le manque et ce manque de *la Chose* originaire et refoulée s'applique vers de multiples objets substitutifs dont aucun ne satisfait jamais pleinement... la vie amoureuse adulte par exemple. Jacques Lacan résume ainsi "*l'objet a*" : (il) *n'est aucun être; c'est ce que suppose de vide une demande. C'est le substitut, sous forme d'objet du désir, de l'Autre*" (8).

Il constitue l'éthique même de la vérité de l'être par une manière d'attachement à ce manque. Aussi, les objets du monde se marquent-ils tous d'insatisfaction. Ce qui relie les humains entre eux pour agencer le lien social est un vide, un manque originaire commun à tous : l'*Objet a*.

Or ce manque à être, qu'il s'agit d'accepter et qui n'est pas symbolisable, cet *Objet a* rencontre la morale essentielle à Kant.

---

* En 1971, Jacques Lacan contracte "La langue" en "**Lalangue**" et par ce néologisme, il nomme **le langage de l'inconscient** (Voir aussi note 5 bis).

§ 3 – La morale

L'Humain relève également d'une 'morale' c'est-à-dire d'une façon d'estimer avec humanité. Respecter l'espèce humaine en général, les êtres humains individuellement, préserver les valeurs usuellement acceptées, tout ça regarde l'Humain. L'Humain – par ce lien avec la morale – admet un jugement de valeur. Trois propositions du philosophe Emmanuel Kant soutiennent la dualité humain-inhumain.

Ses *Fondements de la métaphysique des mœurs* (9) établissent trois nécessités morales :

La première attitude envisage l'action réalisée vers autrui, par devoir et par penchant sensible, telle la sympathie. L'Homme s'envisage alors, non pas comme le biais de notre propre plaisir, mais comme finalité de notre action.

Avec la seconde nécessité, l'aspect humain d'une action – sa portée morale – émane d'un "*principe du vouloir*" (9) et non de ses effets, ni de son but. Il s'agit ici de concevoir les hommes en individus sensés, dotés de conscience, de volonté et d'esprit. Il faut également abandonner toute action violente à leur encontre en faveur du droit.

En conséquence des deux autres propositions, Kant dégage la troisième attitude : "*Le devoir est la nécessité d'accomplir une action par respect pour la loi*" (9). Les choses sont relatives, échangeables et pourvues d'un prix.

Par contraste, l'Homme – s'il est considéré avec "*pur respect*" (9) – acquiert une valeur singulière, unique et absolue. L'Homme qui agit avec "*bonne volonté*" (9) ou volonté morale obéit, non pas à un penchant sensible ou naturel, mais à l'ordre formulé par sa raison en toute intention pure. Kant précise "*la représentation de la loi (...) ne peut avoir lieu que dans l'être doué de raison*" (9).

Toutefois seul l'individu connaît le fondement de son action dans son intime. L'utopie – lieu de nulle part – d'un Humain sans inhumain forme-t-elle un rêve impossible dans la mesure où l'Homme connaît également un monde souterrain ?

II – De l'inhumain

Le désir est à l'origine de conflits éternels : "*homo homini lupus est*" ! (§ 1). Sigmund Freud situe l'inhumain en l'Homme comme l'élément crucial de la psychanalyse, parmi la pulsion de mort (§ 2) et la Culture (§ 3).

§ 1 – L'Homme est un loup pour l'Homme

L'Homme est aussi le pire ennemi de sa propre espèce. La représentation d'un inhumain en l'Homme court historiquement – depuis Plaute jusqu'à Sigmund Freud – au travers de cette maxime.

Si Michel de Montaigne (10) conçoit les Indiens anthropophages Tupinamba du Brésil plus innocents que les hommes en l'état socialisé, d'autres les considèrent comme des loups entre eux.

Longtemps avant Sigmund Freud, Plaute le premier, déjà dans une histoire entre père et fils : *Asinaria* (11) annonce par la bouche de Mercator : "*Quand on ne le connaît pas, l'homme est un loup pour l'homme*" (11).

Au XVIème siècle, Erasme (12) et François Rabelais (13) citent cet adage. Dans le même temps, le poète partisan du protestantisme Théodore Agrippa d'Aubigné mentionne également la maxime et dessine "*Les Tragiques*" hommes en loups pour l'Homme... Ce grand poème dépeint en effet, l'allégorie de la France en "*mère affligée*" (14) de voir ses fils se déchirer. Dans sa poésie, le lait maternel s'unit au sang : "*Vous avez (...) ensanglanté/ le sein qui vous nourrit*" (vers 31-32) et "*Je n'ai plus que du sang pour votre nourriture*" (vers 34).

Les guerres de religion manifestent l'exemple même de la violence d'une bataille entre deux frères et du retour de la sauvagerie dans la Civilisation française. Le précurseur de l'empirisme, le philosophe anglais Francis Bacon signale la formule dans son œuvre majeure *: Novum Organum* (15).

Vingt-deux ans plus tard, l'Anglais Thomas Hobbes la cite dans *De cive* (16). Sa philosophie s'affranchit de la barbarie naturelle du loup par la société civile, sous la forme d'un contrat entre les hommes et par l'unité du pouvoir.

Au XIXème siècle, *Le Monde comme Volonté et comme Représentation* d'Arthur Schopenhauer (17) et enfin Sigmund Freud en 1930, couronnent de cette locution l'inhumain en l'Homme. *Le malaise dans la culture* (18) découvre le mal, la perversion et l'égoïsme de la nature humaine tentée par la toute-puissance au détriment de l'autre. A l'intérieur de l'Humain se niche "*une forte somme d'agressivité*" (18) et... le nom du père fonde la Loi.

Ainsi, l'optimiste vision philosophique de l'Homme en "*bon sauvage*" de Montaigne (10) et Rousseau (19) (20) rencontre-t-elle l'"*homo homini lupus est*" de la représentation freudienne désillusionnée par la nature humaine.
Sénèque affirme pour sa part : "*l'Homme est une chose sacrée pour l'homme*" (21).

En plein contraste, Sigmund Freud le désenchanteur découvre en l'Homme, parmi ses trois blessures* narcissiques (22), la cicatrice psychologique de la pulsion de mort.

§ 2 – La pulsion de mort

Des 9 écrits sur la pulsion de mort : *Au-delà du principe de plaisir* (1920) ; *Psychanalyse et théorie de la libido* (1923) ; *Le moi et le ça* (1923) ; *Le problème économique du masochisme* (1924) ; *Malaise dans la culture* (1930) (18) ; *Pourquoi la guerre ?* (1932); *Nouvelle suite des conférences d'introduction à la psychanalyse* (1933) ; *L'analyse finie et l'analyse sans fin* (1937) ; *Abrégé de psychanalyse* (1938), trois sont abordés (notes 24 à 31).

Entre 1920 et 1932, la pulsion de mort cherchant la pleine diminution de la tension, se conforte d'une avancée majeure à propos de l'inhumain en l'Homme. Entre ces deux dates, *Le moi et le ça* (1923) (26) établit une nouvelle balance psychique entre deux pulsions contraires et complémentaires (Cf. III).

---

* Blessures narcissiques provoquées **par la science** car la terre n'est pas le centre de l'univers ; **par l'anthropologie** car l'Homme descend du singe ; et **par la psychanalyse** puisque le moi n'est pas maître chez lui...

Face au physicien Albert Einstein, le psychanalyste répond à la question : *Pourquoi la guerre ?* (28). Et comment soustraire la civilisation aux dégâts de la guerre ?
Comme l'union fait la force, Sigmund Freud réfléchit d'abord au couple 'droit-violence' pour lequel il envisage le transfert du pouvoir vers un ensemble plus vaste et dont les identifications (28 bis) par les sentiments favorisent la cohésion.

La pulsion de destruction surgit ensuite de sa métapsychologie. Depuis 1920, *Au-delà du principe de plaisir* (24) reconnaît déjà : "*La pulsion de mort devient pulsion de destruction quand elle est dirigée vers le dehors*" (24). Cet acquis annihile la tentative d'éliminer la violence de l'Humain. Freud s'appuie sur sa "*doctrine mythologique des pulsions*" (28), déchiffre la réalité ethnologique et souligne le risque d'arbitraire des pouvoirs comme l'Etat et l'Eglise... Cette dernière "*interdisant de penser*"...
Mais, "*tout ce qui promeut le développement de la Culture travaille aussi contre la guerre*" (28) conclut-il.

Pourquoi la guerre ? récolte une double moisson, à la fois conceptuelle et clinique.
Pour ce qui est du concept, Sigmund Freud évoque clairement la pulsion de destruction reliée avec la pulsion de mort. Et la guerre "*prend sens comme mode d'emploi collectif des pulsions de mort*" (31 bis).
La moisson des faits s'enrichit également de son Introduction à "*Sur la psychanalyse des névroses de guerre*" (32) qui démontre en 1919, la quote-part indéniable de la guerre aux traumatismes.

L'année suivante *Au-delà du principe de plaisir* (24) éclaire la pulsion de mort. Et douze ans plus tard, *Pourquoi la guerre ?* (28) suscite un apport clinique majeur avec l'idée que l'état de guerre autorise l'usage de la pulsion de mort.
Sigmund Freud énonce uniquement de manière indirecte cet enseignement clinique ; mais il conserve son discours sur le rôle de la guerre dans la Culture.

Après étude concrète du politique et de l'histoire, *Pourquoi la guerre ?* objecte donc : la pulsion de mort est la cause ultime de la guerre par son penchant à générer de l'agressivité dans le collectif. En ce sens, cette lettre ouverte interroge la Culture, son inauguration et sa fonction.

§ 3 – La Culture

"*Au commencement était l'acte*" (33) de meurtre du premier père : "*Un jour, les frères chassés se sont réunis, ont tué et mangé le père, ce qui a mis fin à l'existence de la horde paternelle*" (33).

Totem et tabou (33) inaugure une civilisation du meurtre entre les relations inhumaines d'une horde primitive et les rapports humains en société. Après l'assassinat collectif du père, la haine unit en frères les hommes anciennement soumis à la tyrannie de ce père sauvage. La Civilisation naît donc avec la métaphore paternelle. Freud instaure le Père au fondement de la Loi. Devenir un Humain socialisé passe par le meurtre du père archaïque sans limite, animé par une toute-puissance inhumaine et le désir d'inceste. A contrario, le Père symbolique se découvre par la parole, la transmet et se soumet à la Loi de la castration.

En fait, refouler la haine primordiale de l'Homme, l'inhumain souterrain des générations de meurtriers, est une fonction de la Culture. L'être humain et la Culture s'établissent sur une expérience initiale d'aversion, et se structurent sur le refus constant d'un mal originel. La Civilisation est une démarche éternellement contrariée, visant à créer une société paisible dont l'idéal forme un prototype imaginé, jamais concrétisé. Le temps primitif évolue vers un temps historique au travers d'un acte – certes meurtrier – mais réalisé de façon collective : *"d'un état de nature à un état de droit où la loi est incarnée par celui-là même qui représentait vivant l'arbitraire total"* (34).

Le nouveau monde devient moins un univers de force qu'une humanité d'alliance où la fraternité reste précaire, mais existe. En ce sens, le meurtre collectif, fondateur de la Société, éclaire l'organisation sociale d'une *"ligne de passage entre nature et culture"* (34) avec l'interdit de l'inceste (33 bis) en solution pour faire advenir de l'Humain. Loi et désir entrent désormais en lien. Individu comme Société naissent de ce refoulement commun.

Certes, cette entrave empêche, brime mais offre aussi le cadre de la Loi. L'inhibition de l'inceste est un double lien, car parole et vie réelle se relient au refoulé. Le symbolique civilise l'Homme grâce au frein du refoulé. Au tréfonds de la Culture se cachent la castration et le plaisir. En surface se projette le Père devenant destin, dont l'individu jouit castré : *"Du pouvoir, on ne jouit que castré !"* (35) Autrement dit, tirer plaisir de la Culture entraîne punition et... un obstacle à la jouissance totale existe en Civilisation...

Ainsi, le pouvoir étatique réclame-t-il le sacrifice des pulsions sans offrir ou rarement... une compensation. L'Etat conserve donc l'exclusivité de l'injustice et de la violence...
Et pour éviter la discorde, la Culture réprime la haine ancestrale et le désir d'inceste.

L'Homme est divisé par la dualité interne d'une ambivalence affective. Cette bataille éternelle et secrète de son désir s'ouvre cependant à la dynamique des contrastes. En d'autres termes, se découvre en ce conflit intime, un positif du négatif (III).

III – La loi des contraires et de l'ambivalence : positif du négatif

D'Héraclite à Freud, ce dualisme se découvre comme une loi humaine (§ 1) confortée grâce aux deux fondements du langage (§ 2) que sont les modes Père et Mère. Conjugués, ces principes activent la force de l'être en l'Homme. Par ces bases du langage, l'Homme intègre sa propre mort et la guerre comme nécessaires à la duelle dynamique qui l'anime sans cesse (§ 3).

§ 1 – De La loi des contraires à la loi de l'ambivalence

Tôt dans l'histoire, Héraclite (35 bis) interroge le changement et le temps, le constant et le temporaire. La mort – inconcevable – se révèle indicible. En s'appuyant sur les données sensibles, seul subsiste dans le changement le changement lui-même : aucune stabilité donc, tout change ! Un Principe des contraires gouverne l'univers et les mobilise en permanence : le *polemos*.

L'harmonie se manifeste par le *polemos* selon des tensions opposées parce que ces contraires produisent l'équilibre, lors de leur dépassement. Ces indissociables opposés portent en eux-mêmes leur existence et leur mobilité par leurs contraires mêmes (Dieu-hommes; pauvre-riche; femme-homme, etc).

Freud approfondit peu le *polemos* mais il établit une loi d'ambivalence. En 1923, il articule la pulsion de mort avec sa nouvelle topique qui éclaire la dynamique psychique sous une forme conflictuelle. Comme 'aliéné', le moi se découvre *"en relation de dépendance"* (26) entre deux nouvelles clés : le ça et le surmoi. Fragile mais constant, le moi tente de se préserver par l'union de ces deux instances complémentaires et opposées.

Le cas Dostoïevski (1928) (36) dégage le lien étroit entre surmoi et culpabilité au travers du complexe d'Œdipe. Le petit garçon souhaite la mort de son père et s'auto-punit par culpabilité. En référence à *Totem et tabou* (1913) et dans l'équivoque entre l'idée du névrosé et l'action du primitif deux affects inverses et liés surgissent : Amour-haine. L'amour et la haine s'orientent donc vers le Père et fondent une généalogie de la Civilisation par le meurtre même de ce Père. En effet, le parricide constitue l'origine majeure de la culpabilité dans une ambivalence de sentiment entre la haine pour le rival et la tendresse à son encontre : *"sous l'effet de l'angoisse de castration, donc dans l'intérêt de préserver sa masculinité, il va renoncer au désir de posséder la mère et d'éliminer le père"* (36). La Loi du Père s'inscrit comme le langage originaire qui structure l'Homme par l'interdit de l'inceste.

§ 2 – Les deux références au langage

L'ambivalence affective de l'Humain s'origine donc des références au langage en fonction de deux modes d'économie psychique.

La première 'langue' est l'ordre de la Mère. Langage qui coïncide à *La Chose* (Voir schéma ci-dessous), le corps, la toute-puissance, l'immédiat, la réciprocité, le miroir, le même et le plein. Dans ce régime existe une adéquation entre le mot et le *Das Ding* (En Allemand, la chose), du philosophe Heidegger (37 bis). Un récipient en terre est à la fois, matière et contenu. Son argile est l'objet réel mais le liquide que contient le vase est *Das Ding*... Et cette *Chose* figure l'essence de l'objet... la matrice des représentations singulières à venir.

Résumé de *La Chose* incluant "*L'Objet a*"
La Chose de Lacan s'organise autour de 5 éléments : 1/le Sujet qui désire 2/des objets empiriques ; mais surgit 3/un Mystère car s'éveille en lui 4/du manque. D'où l'intervention de 5/"*L'Objet a*" qui oriente la pulsion du sujet vers des objets désirés, recherchés sans cesse à l'extérieur, mais... jamais totalement satisfaisants.

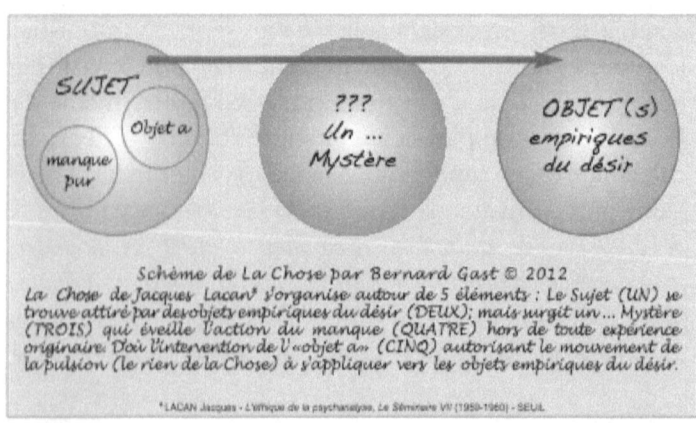

La seconde 'langue' est la Loi du père. Ce langage correspond au mot, à l'asymétrie, au manque inscrit dans le langage, au vide, à la perte et à la faille. Le mot et *la Chose* s'y révèlent inadéquats.

Ces deux références au langage qui fabriquent le psychisme animent tous les individus de façon personnelle. Mais la société vit "u*n progrès de la civilisation*" (37), si le rôle symbolique du mode Père gouverne le mode Mère "*car la maternité est attestée par le témoignage des sens tandis que la paternité est une conjecture, (est) édifiée sur une déduction et sur un postulat*" (37). Entre les modes Mère-Père circule le conflit d'un désir équivoque de *La Chose* à la parole.

Pris entre la réalité et le langage, ce double système d'économie psychique aménagé régule l'Homme socialisé selon deux fondements.

UN, *La Chose* en "*objet de l'inceste*" qui figure la mère avec sa caractéristique fondamentale de remplir la place de *Das Ding*, objet-entité qui échappe pourtant à tout Humain. Et,

DEUX, l'inceste qui s'assimile au désir le plus essentiel, mais... banni. Un voile se dépose en effet, sur l'inceste en désir exclu parce qu'en fait tellement central... Cet objet inconscient, inoubliable, perdu – sans cesse désiré, recherché à l'extérieur – mais inatteignable...

Sigmund Freud retourne la loi éthique dans la mesure où le Bien suprême recherché – la mère – est un interdit représentant néanmoins le seul bien : "*le Souverain Bien, qui est Das Ding, qui est la mère, l'objet de l'inceste, est un bien interdit, et (qu') il n'y a pas d'autre bien. Tel est le fondement renversé chez Freud, de la loi morale*" (38).

L'interdit de l'inceste constitue la base nécessaire au maintien de la parole. Dans l'inconscient, *La Chose* (39) dicte sa loi. Sans être la Loi, *La Chose* se connaît par la Loi parce que l'interdit de la Loi donne l'envie de *La Chose*. Le désir s'embrase du lien tabou avec la Loi. Le désir devient ainsi désir de mort puisqu'il figure une transgression "*au-dessus de la morale, une érotique*" (38).

§ 3 – Développer la puissance de l'être

La Culture – fondée sur la parole – interdit la jouissance totale tout en favorisant le vivre ensemble. Mais cette répression des pulsions 'inhumaines' entraîne éventuellement des troubles. L'éducation se voit donc engagée dans une dialectique entre les puissances exubérantes du corps et les forces de la parole. Se trace alors un chemin d'humanité singulier depuis la pulsion vers le désir. Or en duelle dynamique, la puissance d'être se développe en lien avec la méditation sur la mort et... la guerre. La structure psychique humaine est profondément marquée par la nature négative de la mort qui renvoie – l'autre et soi-même – à l'inconcevable. Attitude ambigüe à l'égard de la mort par laquelle advient l'angoisse de mort comme la culpabilité de souhaiter la mort d'autrui. "*Si tu veux pouvoir supporter la vie, sois prêt à accepter la mort*" (40) : Assimiler la mort aide à tolérer la vie...

Sous l'angle positif du négatif, une idéologie pense la guerre en nécessité. En brisant l'individualisme, la guerre édifie le collectif. Des valeurs supérieures émergent du sacrifice. Par le travail de l'épreuve, l'individu sort parfois du repli, s'oriente vers l'essentiel de l'être et trouve sens à la vie face à la mort. La guerre prépare la paix.

Et pourtant avec la guerre en tous genres se dessine un retour barbare, une recherche de la puissance d'être par l'avoir... Une crise de la paix par la guerre et le jouir à tout crin. Discerner le bien du mal se révèle bien rude...

Cette ambivalence affective scelle l'Humain par le sceau des références au langage. *Nature-Pulsion-Sexualité* et *Culture-Langage-Art* forme un diptyque intérieur dont la toute-puissance refoulée gagne au travers de la face destructive de Narcisse. Et cette intime scission déploie ses effets sur la Civilisation qui se découvre d'une stabilité fragile à soutenir continuellement.

Se dévoile aujourd'hui l'inhumanité de la dictature d'un narcissisme abusif (I). Un excès du mode Mère au détriment du mode Père tourmente la Culture en divisant l'Homme (II) enserré par un capitalisme violent qui l'interpelle à repenser le vivre ensemble (III).

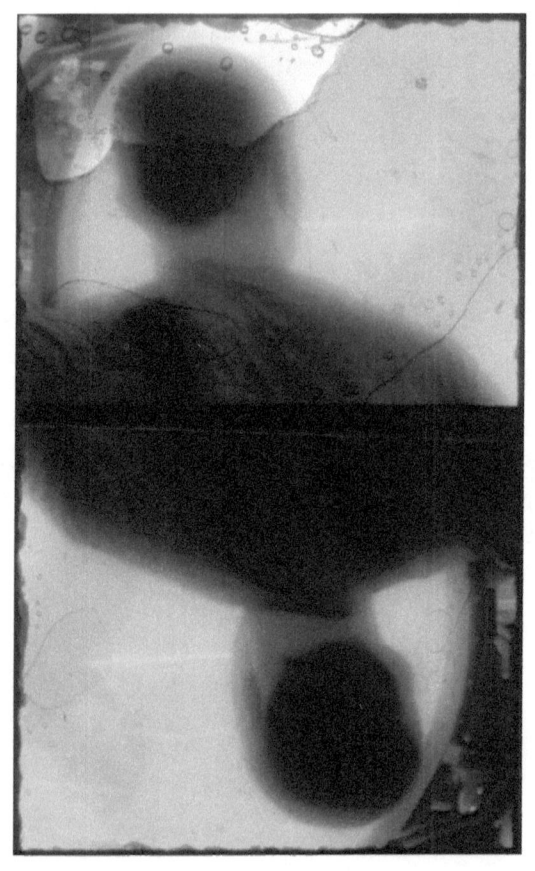

Partie 2 – Incidence contemporaine de l'ambivalence humaine : une société sans père

I – La dictature du narcissisme abusif

La société contemporaine place l'individu devant le paysage d'une jouissance sans contrainte. Ce XXIème siècle évacue la mort et paradoxalement, la logique de mort d'une culture perverse est à l'œuvre. Une "*nouvelle économie psychique*" (43) se manifeste dans la Société.

Trois indices soulignent 'l'inhumanité' du nouveau sujet. Ce nouvel "*homme sans gravité*" (42) se reconnaît à sa perte du symbolique, son refus de la Loi du Père et de la rencontre (§ 1). Sous la multitude de sujets impuissants à accepter la Loi du père se constate une mutation du tissu social (§ 2) soumis à de funestes contrecoups telle l'addiction (§ 3).

§ 1 – De 'l'inhumain' du sujet contemporain

UN – Aujourd'hui, le régime Mère domine le régime Père. En effet, sans repères du passé, le néo-sujet organise et construit seul un tissu social imaginé depuis son nombril. Il est l'Atlas d'un monde auto-créé. Il est à son insu même portefaix. Il porte en effet sans le savoir, la charge de tout le groupe social. Et l'impuissance à laquelle il se confronte n'est pas sans conséquence... Le nouveau sujet souffre de divers maux : addictions, dépression, démission ou étouffement. Il étouffe par manque de réel, tout en vivant désormais le réel comme une blessure à guérir. Et pour se soustraire à ce réel forcément douloureux, il se détourne du langage pour l'acte... parfois violent.

Mais sa violence n'est plus verticale puisqu'il refuse toute relation de contrainte avec une *"place d'exception"* (41). Son refus d'un protagoniste conséquent le rend sans cible verticale d'exception... Le fait devenir sans cible, sensible, hyper-sensible même et surtout mené par le bout du nez de ses émotions... Alors qu'une autorité constructive l'obligerait à transmuter son agressivité en une autre attitude. Sa violence est donc uniquement horizontale, c'est dire que sa violence s'exprime contre l'autre, contre lui-même ou contre les deux. Ce tragique enfant de personne éprouve une dé-filiation. Faute de référence solide contre laquelle ferrailler, il combat une manière de rien. Il n'est nullement déconstruit ; mais davantage inapte à la construction. Il fuit toute figure qui pourrait lui transmettre l'obligation d'un renoncement. Auquel cas, cet enfant de personne ignore la nécessité du sacrifice pour donner du prix à ses actes.

DEUX – Quand le refoulement concerne la névrose normale, le déni et le démenti concernent une nouvelle forme de perversion : la *"perversion ordinaire"* (41). Les cabinets de psys s'emplissent moins de névrose classique et davantage de cette perversion ordinaire avec laquelle le néo-sujet cherche à éviter la structuration. Comment tente-t-il de fuir sa construction psychique ? En éloignant le phallus soit la relation au Père symbolique. Et ne trouvant pas sa place dans le mode paternel, il court après une reconnaissance sans fondement solide.
Par son refus de perdre la moindre once de plaisir, il nie toute antécédence paternelle, castratrice et édificatrice. Ce nouvel individu s'englue dans une Grande Mère de jouissance optimale et de confusion démesurée. La perversion dans laquelle il s'empêtre est une perversion collective et nullement une perversion individuelle.

Cette économie perverse s'affranchit du symbolique et donc, du manque. C'est pourtant ce vide inhérent à l'Humain qui construit à la fois le social et l'individu. Mais pour consentir à cette perte de jouissance, un imago Père a le devoir d'endosser la responsabilité de cette perte. Or, cette figure d'autorité devient intenable lorsqu'une société se voit peuplée de "*sans-autrui*" (41).

TROIS – A décharge, le "*sans-autrui*" est soumis, à son insu, par la perversion collective du système (Voir plus loin en II & III)... Privé d'une relation au père réel chargé de le pousser hors du nid, le rapport à la mère le domine. Sa relation à l'objet de jouissance échappe donc à la castration paternelle. Ce "*sujet des limbes*" (44) se tient en bordure, (du Latin *Limbus*) au seuil de l'autre parce qu'il évite la rencontre. Il est assez seul... Son univers souvent borné l'empêche d'entrer en relation avec l'autre : d'où sa solitude. En 1967, Michel Tournier écrit *Vendredi ou les limbes du Pacifique* (45). Gilles Deleuze y voit Robinson comme un pervers apprenant une vie sans autrui. Robinson perd la parole et le repère des mots, ces phares de l'humanité ! En perdant autrui, Robinson se déshumanise. Ce pervers – ordinaire mais non structurel – ne rencontre plus l'autre. A ne plus apercevoir l'autre, l'individu détruit en lui l'instance autrui : *Le monde du pervers est un monde sans autrui, donc un monde sans possible"* (41).

La présente transformation du lien social conduit à la mort d'autrui puisque la relation s'amenuise de plus en plus avec l'autre réel. Plus la perception charnelle du père réel s'absente, moins la limite qu'il apporte à la structure anthropologique s'inscrit au cœur de l'esprit.

Avec la mort d'une forme sacrée transparaît le grand embrouillement du règne de l'enfant généralisé. L'absence de maturation de certaines tournures psychiques nécessite *"de mettre en œuvre une pratique autre que l'analyse, pratique qui convergera toutefois avec elle dans son intention"* (46).

§ 2 – Mutation du tissu social :
    l'insoutenable place d'exception

La notion de hiérarchie – d'ordre sacré – est-elle caduque ? Le ciel vide de la mort de Dieu commande-t-il de créer un nouvel espace de transcendance sans transcendance ? Le danger qui menace le sujet et la Société demande une instance de substitution.

Même le transfert de légitimité transcendante de la religion vers l'état – sous forme laïque – découvre affaiblies les positions de chef, roi, père, maître, professeur, etc. Une autorité d'amour est-elle irrecevable ? Une puissance qui aime mais pose des limites est-elle inacceptable ? Toute place d'exception est intenable aujourd'hui. Une crise du bien-fondé touche l'ensemble de la Société : politique, enseignement, gouvernement...

En fait, l'hyper-modernité permute la place de l'Autre de manière radicale. Ce renversement anthropologique se résume au passage d'une Société religieuse où le sujet est enfant de Dieu – suivi d'un essor scientifique où le sujet est enfant de la science – pour parvenir à la Société hypermoderne et son libéralisme violent où le sujet est enfant de personne. La mutation sociale et subjective forme une inconsciente permutation depuis *"une économie névrotique à une économie perverse où la castration est exclue"* (47).

Et oui, depuis des années les patients des psychanalystes expriment davantage une nouvelle forme de perversion que la 'bonne vieille névrose' des origines...

Et malgré ça... Il est indispensable de laisser un espace à l'autre, malgré le non désir de lui donner cette place... Dès 1968, Lacan et son *"enfant généralisé"* (48) augure de ce monde contemporain où règne la toute-puissance infantile.

Et pourtant... Devenir être de parole et sujet oblige à perdre. L'illusion d'omnipotence, l'éloignement du réel, la contestation de l'engendrement social tracent le tableau d'une déréliction sociale. L'individu existe par le lien social, mais le sujet contemporain inverse la réalité jusqu'à s'imaginer que le lien social existe parce qu'il existe.

Cet enfant généralisé refuse sa dette à la Société puisqu'il nie sa filiation à la communauté antérieure. Le passé social n'est donc plus un repère. Il ne reste plus qu'une fonction utilitaire du collectif. Ces nouveaux sujets se contentent de se reconnaître et de s'activer entre eux. Ceux-ci fonctionnent sous la seule nécessité – non choisie – d'appartenir au collectif.

Une manière, plus ou moins consciente d'exprimer : *"je me sers du lien social, mais je ne le sers pas !"*.

§ 3 – Conséquence contemporaine : l'oralité dévaluée

Le linguiste Jean Szlamowicz évoque la pensée moutonnière (49). Ne devenons-nous pas des moutons de la pensée quand la parole s'affadit, dénonce et divise ?

Une parole dévaluée est creuse d'une pensée sans fondement, voire ne respecte pas ce qu'elle dit. La parole politique en figure un exemple courant, mais la langue défigurée se découvre ailleurs... Derrière des formules souvent vides et radicales se cache l'absence de rigueur scientifique sous l'apparence d'une profondeur.

Le danger surgit d'une idéologie qui manipule en altérant le langage. Une culture qui divise n'éradique-t-elle pas ce qui rassemble les humains ? Ainsi, la culture *woke* cherche-t-elle une culture universelle au travers d'une langue multiforme (Queer, genre, inclusivisme, etc.) ?

Dans l'illusion du tout possible et le refus de la dette à l'autre, des sans-autrui se déshumanisent, vivant ensemble sans l'autre qui se trouve sacrifié.

S'en suit l'addiction en tout genre. Devenu symptôme social, l'objet – non plus à qui parler mais à dévorer – entraîne l'oralité dévaluée de l'Homme fragmenté.

II – L'Homme fragmenté et ses conséquences

La toute-jouissance mène le désir du sans-autrui qui est englué dans un mode Mère sans limites. Un humain morcelé, souvent isolé (§ 1 et § 3) transparaît, privé d'une vue complète et universelle (§ 2).

§ 1 – Système fragmenté

Le premier symptôme en est le système fragmenté : le social apparaît sous la forme d'une compartimentation – non seulement des savoirs – mais également des individus. Le social contemporain invente la division. La médecine par exemple, fragmente l'Homme sous un monde de spécialistes. La bureaucratisation numérique isole chacun. Enfin, le rapport au temps se morcelle également : harcelé par l'heure, la montre, le portable qui avertissent en continu de la perte du temps... Et commandent d'en gagner. En découle une frénésie généralisée de la Société... soumise au Produit National Brut...

§ 2 – Perte de la vision globale

La logique de spécialisation qui replie chacun sur son secteur l'enferme et le rend incapable de saisir le problème global. Appris très tôt à l'école, ce mode cloisonné de la pensée sépare les objets parce qu'il empêche les liens entre eux : connaître des tas de choses en détail, mais isolées, ignore l'ensemble. Or, des connaissances morcelées – non reliées – produisent une nouvelle ignorance de l'autre et du social.

§ 3 – Destruction de la convivialité et de l'entraide

L'inhumanité des rapports humains pointe également avec la destruction de la convivialité, pourtant indispensable à l'Homme. Ces conséquences imposent de penser autrement la complexité humaine, la complexité sociale et... l'avenir de l'Homme.

III – De la pulsion de mort d'un capitalisme financier violent au vivre ensemble

Cherchant à combler son manque par la consommation d'objets dans tous les sens du terme, cet Homme compartimenté se confronte au règne de l'argent pour l'argent (§ 1). Un capitalisme excessif déclenche des effets inhumains par une simplification du réel au calcul (§ 2). Et tant de pulsion de mort commande la découverte d'une nouvelle forme du vivre en communauté (§ 3).

§ 1 – L'argent pour l'argent

L'argent – objet de symptôme social – livre aujourd'hui l'Homme à un capitalisme inhumain. L'avidité, l'addiction pour l'argent met à mort les peuples et les civilisations. Le capitalisme déroute par sa cupide confusion et transforme un moyen, le capital, en objectif. Un dogme hors du réel s'impose : le rôle de l'économie et des entreprises consiste à maximiser le patrimoine des actionnaires. Or une entreprise fonctionne seulement dans le respect d'équilibres souvent complexes et fragiles. Sous cette doctrine, la règle de base du fonctionnement économique devient la cupidité. *Avida Dollars* * dirige !... Ce mal s'intensifie d'un sentiment de faute individuelle. L'Homme est responsable puisque agissant. Non seulement coincé dans un embouteillage, il est lui-même cet embouteillage. Impossible de s'innocenter car chacun se découvre complice et appartenant au système. De fait inventer un autre avenir traverse la conscience.

* Anagramme de Salvador Dali, trouvé par André Breton

Une certaine tentation du père – préoccupé de sa propre survie – consiste à ne pas transmettre ou mal transmettre, la parole symbolique à sa progéniture. Ce père n'est plus un père symbolique mais un père sauvage. Dans le réel, des symptômes sociaux révèlent aussi le fruit amer des choix réalisés par les générations précédentes. La difficulté contemporaine de transmettre provient également de réalités. Par exemple, les bénéficiaires ultimes du capitalisme financier sont essentiellement les épargnants des démographies occidentales : ceux ayant travaillé pendant les Trente Glorieuses (1945-1975), proches de ou à la retraite aujourd'hui. Or, les rendements exigés par les marchés financiers sur l'économie physique (réelle) bénéficient en définitif à ces mêmes épargnants. Comment la valeur créée se partage-t-elle entre générations ? Comment en pleine conscience (puisque c'est de mode) les générations acceptent-elles de partager ce dont il y a besoin demain pour vivre ensemble ? Cette cassure générationnelle invite à penser l'ensemble ensemble, et à partager avec les générations montantes pour un demain plus harmonieux. Le père des Trente Glorieuses – même s'il transmet symboliquement à ses enfants – transmet aussi son connu social actuellement caduque et bien différent de la Société des générations actuelles... Or, ce pernicieux modèle de l'argent pour l'argent – réduisant le réel au calcul – entraîne de multiples incidences perverses sur l'Homme.

§ 2 – La simplification du réel au calcul

Simplifier le réel à quelques acteurs seulement augmente en effet le profit. Mais cette simplification déclenche des conséquences funestes : chômage, isolement, exclusion, risques psycho-sociaux, etc.

La mort sociale rôde avec de violents contrecoups... comme en 1994, le chômeur Erick Schmidt tué par la police parce qu'il prend en otage des enfants contre rançon. Qui est responsable ? La société, comme organisation sans conscience morale, ni volonté propre ? ... La faute incombe-t-elle à cet individu, 'libre' de son acte ? Ou son acte est-il "*expression de la lutte des places qui fait rage dans notre monde*" ?

La lutte des places (50) est le combat d'êtres isolés socialement, cherchant une place, soit une existence sociale et une identité. En imposant un monopole, la grande distribution simplifie, voire réduit, la réalité à certains acteurs. S'ensuit une disparition du petit commerce, de l'artisanat et des structures conviviales. Cet autre exemple de la lutte des places – entre multinationales de l'agro-alimentaire et petits agriculteurs – encourage à repenser les activités pour qu'un maximum d'acteurs de l'économie, soient acteurs de l'économie et non pas seulement sous monopole. Forme de pulsion de mort – grand dévorateur d'humains – le monopole éradique et exclut l'autre. Ce processus n'est-il pas à transformer dans la mesure où ses effets négatifs se montrent plus importants que ses aspects positifs ? En fait, la civilisation industrielle et numérique applique l'industrie et la numérisation à des secteurs où son mode se révèle pervers et éloigné de la Vie. L'agriculture biologique ne consiste-t-elle pas finalement à revenir à la Vie ? Produire sans détruire : tout l'inverse ! A contrario, les pesticides de synthèse détruisent l'environnement, polluent les eaux... "*Bientôt à table, il faudra se souhaiter bonne chance, plutôt que bon appétit !*" (51) La logique du profit règne en détériorant et en ruinant. Le monde contemporain divise les humains pour le profit.

La civilisation montre son ambivalence. Elle produit en détruisant sans limites, ni but. Son ultra-capitalisme la submerge sous la connaissance, étroite et limitée du calcul.

En conséquence, deux menaces accablent présentement la Culture. D'un côté, la toute-puissance de la pensée intolérante voit une aggravation des diverses formes du fanatisme (religieux, politique, etc.) ; et d'un autre côté, la dictature du capitalisme financier, recherchant le profit illimité, maintient l'antagonisme comme règle. De manière plus ou moins souterraine, prédominent l'intérêt et l'argent.

N'existe-t-il donc plus une Civilisation dont la part du profit n'est pas tyrannique ? Plus une Culture où la vie personnelle, la gratuité, le don, l'entraide, la solidarité sont essentielles ? La dégradation de tous ces aspects de la civilisation contemporaine dévoile le problème fondamental en jeu dont l'agriculture, l'industrialisation et la numérisation ne sont que des facettes. Derrière autant de mort à l'œuvre dans l'individu et le social, un retour salutaire à la question clef s'impose : qu'est-ce que vivre ensemble ?

§ 3 – Qu'est-ce que vivre ensemble ?

Reconsidérer cette logique de mort en repensant le rapport à la Terre et à la Vie. La Terre nourrit l'Homme et l'Homme empoisonne la Terre... L'Homme s'empoisonne lui-même ! Le positif du négatif de cette pulsion de mort est d'obliger à s'interroger sur le sens de la Vie : qu'est-ce que finalement vivre ? Avant même de savoir s'il est une vie après la mort, existe-t-il une vie avant la mort ?

Dans l'illusion la plus totale, l'Homme se trouve embarqué dans un système qui le rend dépendant. Il est asservi par les outils qu'il crée lui-même. Des outils pour le servir certes... mais le miracle industriel et numérique est également un cauchemar. Quelle fragile culture ! Sans la communication, le carburant et l'électricité, l'appareil humain – individuel et collectif – s'effondre.

L'Homme est en divorce avec les fondements mêmes de la Nature. Ainsi l'agriculture moderne produit-elle en détruisant : n'y a-t-il pas des limites à produire et détruire indéfiniment ? A voir le bilan sur l'eau, la santé humaine et animale, etc. ? Quel sens à la vie envisage donc l'Homme ? Quel vivre ensemble ? Sans l'objectif et la mise en route d'une humanité reliée, conviviale et paisible, la Civilisation ne sert à rien. Or, la mondialisation conserve l'antagonisme du profit comme règle du jeu : vendre-acheter !

Les humains ont à retrouver une sérénité qui autorise un vivre ensemble plus vivable. Malgré la dualité affective inscrite en l'Homme et la Civilisation construite sur un meurtre, la logique instaurant ces conduites de mort est à remettre en cause. Quel paradoxe ! Il n'est malheureusement pas incompatible de produire, manger biologique, recycler son eau, se chauffer à l'énergie solaire et... exploiter son prochain. Quel avenir pour l'Humanité désire l'Homme ? Et sur quelles valeurs construire le vivre ensemble occidental et planétaire ? Car la question n'est pas uniquement occidentale, ni secondaire pour les humains mourant de faim, en marge de ce futur... Un avenir commun est à envisager avec la perspective d'édifier enfin, une Humanité apaisée... respectueuse des fondements de la Vie.

Par exemple, l'agrobiologie se révèle, non seulement capable de traiter et résoudre la faim dans le monde, mais également apte à ressusciter une Vie dans les campagnes désertifiées. Avec la culture contemporaine apparaît la différence entre vivre et survivre. Survivre oblige à gagner sa Vie sans joie, à gagner sa Vie en la perdant. Vivre consiste à s'épanouir ; vivre concerne et la communauté et l'épanouissement de l'Homme.

La Vie est amour et tendresse. Or, le calcul ignore la Vie et calcule tout. Le calcul est inapte à calculer l'amour et la haine. Le calcul compte les choses extérieures. Le calcul est incapable de calculer le sentiment. L'Homme vit sous l'emprise des sondages et des statistiques. Un univers cybernétique et marchand manipule à coup de metavers* et d'algorithmes...

La solution première est-elle de sortir du capitalisme financier outrancier ? Omnipotent comme l'enfant généralisé que Jacques Lacan augurait dès 1968... Cet hyper-capitalisme aujourd'hui tout-puissant terrorise gouvernements et peuples en modélisant le Monde.

Une issue seconde est-elle de réimplanter la complexité du réel dans le mécanisme économique ? Tout industrialiser et numériser revient à homogénéiser, standardiser tout... y compris l'Homme. Sous une tyrannie de la normalité, le très individualisé paraît une erreur !

---

* Le métavers est la contraction de meta et d'univers. Il est donc question d'un univers virtuel allant au-delà du monde matériel.

Comment passer à un nouveau modèle qui régule la quantité tout en améliorant la qualité ? Le retour à la convivialité et l'échange n'est-il pas indispensable ? Avec des commerces de proximité certes, mais également avec des générations acceptant en conscience de partager ?

L'Art offre parfois une synthèse sublimée de l'ambivalence humaine. Certaines œuvres pensent l'être en chœur à venir. Des chefs-d'œuvre de l'Art donnent une vision authentique apte à soutenir la réflexion contemporaine.

Les œuvres noires du peintre espagnol Goya suggèrent-elles déjà la violente mélancolie de l'ère actuelle ? Leur satire philosophique invoque une conduite altruiste (I).

L'écrivain Robert Musil prophétise-t-il, trente-trois ans avant, l'arrivée du national-socialisme ? Le trouble moral de l'élève Törless n'évoque-t-il pas des similitudes avec l'actuelle dictature du narcissisme (II) ?

Et lorsque Pablo Picasso peint l'Histoire avec *Guernica*, sa Peinture n'est-elle pas une métaphore universelle de la souffrance humaine et de l'inhumain en l'Homme (III) ?

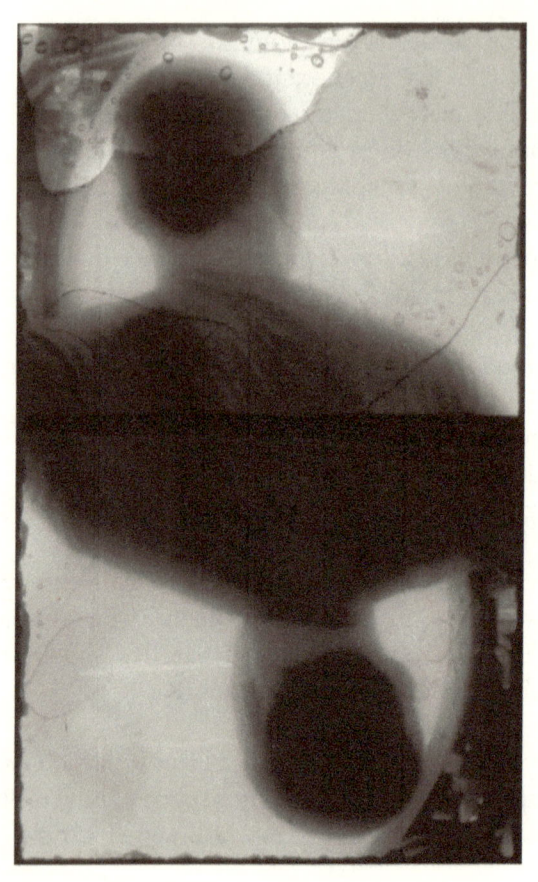

Partie 3 – L'Art en synthèse sublimée de l'ambivalence humaine

La Révolution Française coïncide avec un "*romantisme noir*" (52) qui transforme brutalement la Société dans toute l'Europe. Face à la terreur et aux guerres, le bon sens vit un naufrage. Quelques artistes explorent alors ce sentiment d'une perte de contrôle en l'Homme. Francisco Goya s'attache aux pulsions humaines sur lesquelles la raison se révèle impuissante. En premier lieu, le corps et son animalité l'intéresse pour son aspect destructeur, dominant et tout-puissant. Goya s'attache en second lieu, aux rêves et actes absurdes issus d'impulsions inconscientes.

L'artiste espagnol visite ces sphères nouvelles et s'affranchit des normes sociales et morales. En utilisant les croyances populaires ancestrales, ce désenchanteur peint avec toutes les tonalités du noir...

I – Goya, le désenchanteur : le fond noir de l'Humain

Son père est maître doreur. Pourtant, son fils Francisco crée de sombres estampes – *Les Caprices* (§ 2), *Les désastres de la guerre* (§ 3) – et des *Peintures noires*. De père en fils, l'artiste passe de l'or du Ciel spirituel au fond noir de l'Humain. L'énigme de l'ombre semble être sa plus belle maîtrise picturale, mais aussi philosophique, pour signifier la guerre en l'Homme (§ 1).

§ 1 – Réquisitoire graphique contre l'inhumain en l'Homme

La renommée de Goya découle essentiellement de sa Peinture. Ses gravures se révèlent majeures : originales et significatives de son identité et de sa pensée. L'artiste peint littéralement avec l'aquatinte pour organiser des contrastes puissants associés d'une vaste et subtile gamme de teintes. Cette technique est idéale pour dévoiler les effets dramatiques de la dualité affective Humain-inhumain dans son entière échelle d'émotions.

L'année de ses quarante-six ans (1792) est un tournant essentiel dans sa vie : une maladie, peut-être une méningite, le laisse sourd et affaibli. L'évènement constitue vraisemblablement l'une des sources de sa manière noire à venir. Les œuvres – réalisées après sa maladie – correspondent à sa facture la plus authentique.

La plus grande liberté surgit des œuvres personnelles, bien éloignées des contraintes imposées par les commandes. *Les Caprices*, *Les désastres de la guerre* et les *Peintures noires* ne sont nullement des commandes. La peur de sa propre mort et autres démons humains s'y manifeste dans une nouvelle orientation. L'œuvre de Goya s'approfondit d'une langue mystérieuse et florissante nourrie par l'espoir d'une société réformée par les Lumières de l'intellect. Sa pensée devient toutefois, plus sceptique et proche d'une vision noire sans idéal. L'évolution de sa philosophie se discerne clairement en 1799, dans *Les Caprices* (53).

Ce sont quatre-vingts planches gravées à l'aquatinte qui dessinent des sujets ironiques sur les hommes de son temps. La France envahit l'Espagne en 1808 et les années 1808 à 1828 sont une période noire pour les Espagnols. Francisco Goya se sent déchiré entre ses pensées 'françaises' de 1789 et son patriotisme espagnol.

Entre 1810 et 1820, il grave quatre-vingt-deux planches – *Les Désastres de la Guerre* (54) – traçant une accusation sauvage contre les violences napoléoniennes. Ces gravures témoignent de l'horreur du conflit avec des séquences de mises à mort, de disettes, etc.
Simultanément ses *Caprices emphatiques* manifestent sa critique du pouvoir au moyen de la satire.

La condition de l'Homme d'aujourd'hui se détermine parfois, grâce aux chemins anciens. Goya met à jour des évidences, imperceptibles à d'autres, en pleine mutation sociale de la fin du XVIIIe siècle. Très tôt, avant les écrits de Nietzsche, il peint et grave le danger engendré par les valeurs et les conduites d'un temps sans transcendance pris dans la froideur sans espérance de la toute matière.

Si d'autres artistes continuent à signifier le divin par des cieux colorés, Francisco Goya prend le parti du désenchantement par l'énigme du noir. La question de l'Être et de ses abysses guidée par la promesse d'un Ciel au dessus de l'Homme devient-elle une illusion aux yeux de Francisco de Goya ?

En tous cas, les ors lumineux et spirituels du Moyen-âge sont absents de ses figures dont l'intérieur monstrueux paralyse l'allure. L'artiste peint leur vide et leur vanité.

Comme un pendant à ses scènes galantes aux couleurs éclatantes, cet alchimiste de l'Art montre l'envers sombre du monde : "*ce peintre déchire la représentation ontologiquement heureuse, il accède à ce qu'on pourrait dire un fond noir, noir absolument, noir comme le gouffre entre les étoiles*" (55).

§ 2 – *Les Caprices* (*Los Caprichos*) (1799)

Certains *Caprices* voient leur prestige atténué par la censure de l'inquisition. *Los Caprichos* étaient néanmoins des commandes royales. Ces aquatintes sont une caricature sociale de l'Espagne de l'époque, principalement de l'église et de l'aristocratie. Ce véritable livre philosophique illustré présente une critique en règle contre l'inhumain en l'Homme : croyance, ânerie, tares, tapinage, corruption, boniment, aveuglement des attitudes conféré par la richesse, partialité du pouvoir, etc.

Le grotesque et l'absurde servent à accuser les vices et les fautes humaines. L'amitié de l'artiste avec certains penseurs espagnols le rapproche de l'idéal des Lumières en lutte contre l'inquisition et désireux d'une éducation juste pour tous. Goya suggère l'inhumanité par la satire au moyen de deux procédés graphiques et littéraires : le clair-obscur et le double sens.

Ses opinions s'intensifient en conséquence grâce au clair-obscur que renforcent les parties lumineuses.

À cet expressionnisme de la lumière s'ajoute sa révolution du double sens : il rédige formules et/ou titres à l'intérieur même de l'image. Ces critiques acérées – souvent à double sens visuel et écrit – insinuent donc une dualité du sens. Ce dualisme surgit même du titre générique : avant de se nommer *Les Caprices*, ces gravures s'intitulent *Les rêves*.

Los Suenos (*Les rêves*) (1797) – composés de 28 dessins préparatoires et 72 gravures – trouvent leur forme achevée dans *Los Caprichos* (*Les Caprices*) deux ans après.

Dans les deux créations, les humains pécheurs gardent leur apparence humaine, se transforment en sorcier(e)s ou gagnent des caractéristiques animales représentant leurs défauts. L'historienne d'art Marina Cano Cuesta (56) trouve l'origine du titre dans les *Capricci* de Giambatista Tiepolo signifiant les illusions de la réalité.

Goya – comme Freud – est bien un désenchanteur !

Certaines imprécisions des intitulés sont bien sûr, une manière d'avancer caché pour se préserver de la noblesse et de l'inquisition. Entre vivre et naviguer, déjà !...

Artiste à l'attitude équivoque puisqu'il est à la fois proche des philosophes des Lumières et peintre officiel du Roi. D'ailleurs accusé par l'inquisition pour l'ambiguïté du *Capricho* n° 23, (57) il obtient la protection royale en offrant *Los Caprichos* (*Les Caprices*) au Roi. Outre l'ambiguïté des titres, Goya édulcore son propos en organisant ses gravures de manière incohérente. De leur désorganisation ressortent toutefois, quatre sujets manifestes et un groupe séparé.

Le premier thème est la caricature amoureuse attachée au racolage et à la fonction de la maquerelle. Avec la satire érotique, il induit la mascarade de son temps. Le *Capricho n° 1* est un comble de l'autodérision où *Francisco de Goya y Lucientes, Peintre* s'affiche en notable (58).

En gravant des bouffons, l'artiste expose les manigances cachées et violentes de la cour. La vérité sociale s'éclaire, masques abaissés, sous les traits d'une belle femme. La légende au dessin préparatoire du *Caprice n° 6, Personne ne se connaît (Nadie se conoce)* résume sa vision (59) : *"Le monde est une mascarade : visage, costume et voix, tout est faux. Tous veulent paraître ce qu'ils ne sont pas, tous trompent et personne ne se connaît"*.

La sorcière constitue l'un des sujets les plus innovants en lien avec la tragi-comédie de la superstition et correspond aux *Suenos (Rêves)* ou *Brujerias (Sorcelleries)*. Loin de la représentation naturaliste d'autres artistes de son temps, l'œuvre de Goya devient ici violemment romantique. Un univers peuplé d'entités énigmatiques et diaboliques livre l'intérieur ténébreux inscrit en l'Homme. Les déformations corporelles des sorcières suggèrent la malice, la méchanceté et déjà, la future pulsion de mort freudienne. Avec l'estampe n° 43 – *Le songe de la raison engendre des monstres* – Goya se grave encerclé de cauchemars et précise sur le dessin préparatoire : *L'Auteur rêvant*. *"Son intention est seulement de dissiper les vulgarités préjudiciables et de continuer avec cette œuvre de caprices, le témoignage solide de la vérité"* (60)

La conduite des religieux fournit le troisième thème des *Duendes* figurant les démons ménagers et par extension les moines au XVIIIe siècle.

Goya affuble ces personnages de vêtements cléricaux. Une mutation se découvre à nouveau dans les *Caprices*. Anodins d'abord, les *Duendes* évoluent au fil des gravures en créatures méchantes jusqu'à devenir la métaphore de religieux insatiables qui vivent aux frais du peuple. "*Ils sont chauds*" le *Caprice n° 13* – au titre équivoque et d'un expressionnisme clair-obscur – focalise une image à multiples sens (61).

Malgré sa rareté, le quatrième sujet critique la Société (instruction des enfants, inquisition, union déséquilibrée, etc.). *Les Caprices* n° 42 et 63 illustrent une organisation sociale abusive. La pensée de l'artiste passe d'une gravure à l'autre de l'espoir au pessimisme.
Toi qui ne peux pas (n° 42) – où deux campagnards supportent deux ânes heureux – évoque une politique des classes divisées entre les ânes inactifs (religieux, nobles) et le Peuple actif soutenant ces oisifs (62). *Regardez comme c'est sérieux !* (n° 63) durcit le propos : les campagnards sont maintenant des ânes montés par des monstres dont un oiseau de proie. La réforme agraire est en échec et ces asservis se découvrent exploités par la voracité aristocratique et religieuse (63).

Les six *Caprices* (*n° 37 à 42*) forment le groupe à part des *Aneries* et symbolisent des intellectuels, mais représentent surtout les vices de la nature humaine en général (64).

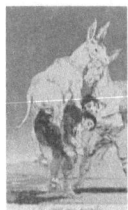

Capricho n° 42

Au-delà de ces thèmes, *Les Caprices* de Goya se développent en deux groupes. Les quarante premières gravures – les plus piquantes et naturalistes – ridiculisent le comportement de ses semblables en s'appuyant sur la rationalité. La première moitié déroule principalement la caricature amoureuse. Cette série dénonce la femme capricieuse en amour, son absence d'engagement amoureux et de compassion pour le bien-aimé. À cette féminité s'attache la vieille maquerelle en intime conseillère de l'éros féminin.

Par contre, les quarante derniers *Caprichos* oublient la raison et se fondent sur l'absurde. Ces aquatintes fantasmagoriques dessinent un monde imaginaire peuplé de créatures bizarres. La séquence discrédite les compromis sociaux de manière absolument innovatrice.

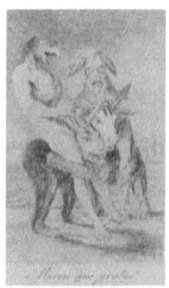

Capricho n° 63

Le style de Goya s'éloigne de la satire sociale condescendante pour devenir intègre et charnel. L'artiste se restreint à des saynètes sombres et énigmatiques, simulacres de chroniques journalières créées dans des environnements étranges. Le graveur espagnol distord outrageusement les figures et les corps pour symboliser la bêtise et les défauts sous forme sauvage.

L'image des *Caprices* est sans conteste essentielle, mais l'écrit est aussi captivant par son ouverture créative et non dogmatique. Au-delà des titres extrêmement suggestifs, certaines formules enrichissent l'image. Ces commentaires, écrits par Goya lui-même, résument sa pensée satirique à l'humour noir. Parfois l'équivocité d'un énoncé suggère une première explication d'emblée textuelle et une seconde, fortement caricaturale par le biais de mots d'esprit. D'autres remarques émanent de contemporains des cercles d'art. Dans ce cas, plusieurs interprétations existent comme il en est du *Capricho n° 51 Ils se pomponnent* (65) qui connaît au moins trois commentaires différents.

Les Surréalistes du XXe siècle pour lesquels l'inconscient est au centre de l'Art voient en Francisco de Goya, un explorateur de rêves comme eux. Le Surréalisme assume l'héritage du Romantisme noir.
D'abord pour son goût non conventionnel et esthétique des discordances où s'unissent la farce au transcendant, le cruel au sensuel. Ensuite pour sa démesure. Enfin pour le rêve qui ouvre au trouble des expressions indomptables de l'insu, du corps et pour l'abandon de la raison.
D'ailleurs en 1936, l'*Exposition Internationale du Surréalisme de New York* (66) expose quelques *Caprices*...

André Malraux (67) voit chez Goya l'un des artistes à l'origine de l'Art Moderne. Loin d'un moralisme, il considère son œuvre abreuvée par la source profonde de l'inconscient. Se détachant de l'aspect galant et décoratif des commandes royales, Francico de Goya fonde un style singulier dont *Los Caprichos (Les Caprices)* dessinent l'oscillation entre le rêve et la réalité, l'Humain et l'inhumain d'un Cinéma intime et imaginaire.

§ 3 – *Les désastres de la guerre* (1810-1820)

En 1808 alléguant la conquête du Portugal, Napoléon 1er envahit l'Espagne. Son frère Joseph Bonaparte s'arroge la royauté espagnole au détriment du Roi légitime Charles IV et de son fils Ferdinand VII. Les Espagnols se soulèvent contre l'occupant ouvrant une période difficile de l'histoire du pays. Très diminué par l'échec de la campagne de Russie, en 1812, Napoléon 1er et ses troupes abandonnent le territoire espagnol. En 1813, Ferdinand VII monte sur le trône d'Espagne. Bouleversé par l'occupation française, la guerre et sa catastrophe personnelle, Goya réalise à la sanguine, les dessins préparatoires de ses futures gravures *Les Désastres de la Guerre* (54). Commencées en 1810, il achève cette série de quatre-vingt planches en 1820, selon trois sujets majeurs.

Quarante-sept planches des *Désastres* témoignent des séquelles effroyables de la guerre et des actions cruelles commises par les deux factions en présence.

Dix-sept gravures exposent la compassion de Francisco Goya pour les maux des Espagnols : disparité sociale et grande famine de Madrid.

Les seize dernières montrent la sombre royauté de Ferdinand VII avec l'établissement d'une théocratie obscurantiste et conservatrice : une église réactionnaire, un absolutisme royal, une aristocratie pourrie, un peuple crédule et ignorant.

En fin de vie, son œuvre explore un néant très évocateur pour l'Homme contemporain... La révolution française s'abîme dans la Terreur ; Goya détrompé, doute de l'Homme et peint ses audacieuses et anxieuses *Peintures noires* (1819-1823). *Le chien dans le gouffre* (68) plonge au-delà même de la mélancolie. Lucide et cruel, son discernement s'affirme pourtant sans jouissance. Goya n'est ni moraliste, ni dupe... mais il compatit aux *Désastres de la guerre (Les)* et aux *Caprices (Les)* de l'Homme.

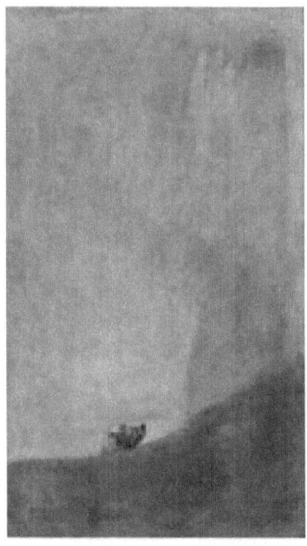

(68) GOYA – *Le chien dans le gouffre*
(*Peintures noires* : 1819-1823) – Prado, Madrid

En manifestant la dualité affective de l'Homme, Francisco de Goya – Pablo Picasso, plus tard – prouve la force intuitive de la Peinture et son pouvoir à dévoiler la vérité lors d'une mutation dans la Culture. L'Art écoute parfois l'avenir avant même la Philosophie. L'Art se fait alors l'éclaireur de l'attention spirituelle.

En 1906 avec son premier roman – *Les Désarrois de l'élève Törless* – l'Autrichien Robert Musil (69) intuite la violence infligée à l'Homme par le système autoritaire nazi. Dans cette noire et trouble chronique en lien avec l'éducation (§ 1), le jeune Basini tombe en déshumanité (§ 2) sous les tortures d'une horde barbare (§ 3).

II – Les Désarrois de l'élève Törless pressentent le fascisme

§ 1 – Abrégé du livre de Robert Musil

Tournant autour de l'instruction, cette obscure et trouble chronique raconte la vie d'un jeune homme perdu qui s'interroge sur la moralité sociale et son sens. *Les Désarrois de l'élève Törless* préfigurent le totalitarisme. Les personnages Reiting et Beineberg sont de jeunes barbares, sadiques et pervers, qui représentent un parfait exemple d'inhumain en l'Homme. En apparence mesurés et bons le jour, ces élèves opèrent sans scrupule la nuit et violentent l'élève Basini.
Törless agit avec Reiting et Beineberg en témoin passif. Törless recherche pourtant le sens de la condition humaine, mais il est sans morale. Malgré son désir de comprendre, aucune réponse ne le satisfait jamais.

§ 2 – Archétype d'une déshumanisation

Robert Musil s'attache aux rapports entre les élèves au sein du lycée militaire W. Cette micro-organisation sociale est fondée sur l'esprit compétitif.

La conduite des élèves s'y hiérarchise entre conforme et marginale au risque de l'exclusion.
Törless s'adapte fort bien au point d'y tenir une place prépondérante en s'alliant avec deux élèves puissants : Reiting et Beineberg.

Un grenier secret est le lieu de la puissance sadique du trio. En cet espace infernal, l'élève Basini figure le souffre-douleur masochiste qui subit les pires sévices sous prétexte de punition pour vol d'argent.
Törless vit l'expérience en observateur bien qu'il soit divisé par des sentiments mêlés (impuissance, compassion, indifférence et mépris).

Visiblement absente chez les deux tortionnaires, l'ambivalence est présente chez Törless que le surmoi retient : "(Il) *n'avait pas bougé de sa place. Tout au début, certes, un désir bestial l'avait pris de bondir et de frapper avec les autres, mais le sentiment qu'il arriverait trop tard, qu'il serait de trop, le retint. Comme si une lourde poigne l'avait paralysé*" (69).

Objet d'expériences multiples de la part de Reiting et Beineberg, Basini se transforme en esclave sexuel et se déshumanise progressivement. Cet élève incarne l'archétype du martyr dont l'attitude équivoque interroge le rôle de victime... En tous cas, sa déshumanisation préfigure la barbarie collective perpétrée par le nazisme.

§ 3 – La horde de 3 sans-autrui au début du XXe siècle

Le comportement distinct des trois personnages vis-à-vis de Basini manifeste leur relation au monde. Ce sont déjà des néo-sujets qui objectivent l'autre...

Reiting est aussi bien affable que "*tyran, impitoyable à quiconque lui résistait*" (69). En bref Reiting utilise Basini comme un antidote à ses pulsions. Soi-disant pour "*connaître l'âme*", Beineberg manipule Basini par l'hypnose.

Le point commun de leur conduite opposée et complémentaire est leur certitude. Face à ces deux individus – doués, décidés, mûrs, mais démesurés – Törless cherche à se situer. Son déchaînement contre Basini se montre plus délicat, mais aussi plus hypocrite.

Dans un premier temps, comme s'il était davantage 'socialisé', il interroge le ressenti de Basini devant tant de dégradations avilissant sa personnalité.

Après qu'il ait vécu son attirance homosexuelle en cachette avec Basini, l'élève Törless adopte un nouveau comportement et découvre la honte... Moins assuré que Reiting et Beineberg, le 'héros' se montre plus subtil et... contradictoire. Comme une synthèse des deux autres, sa relation est duelle. L'élève Törless tire à hue et à dia parce qu'il veut comprendre l'Autre et le Monde. De questions en pulsions, Törless se cherche entre le mode Père et le mode Mère. Aussi balance-t-il entre *la Chose* et le mot : tantôt il se soumet au physique ; tantôt il obéit au rationnel, il intellectualise... Toutefois sa tentative vers le mode Père échoue. L'élève s'égare dans la confusion de la langue en même temps que le réel lui échappe devenant brumeux et mystérieux. Sa constante hésitation entre le sens-raison et son embrouillement signe son problème à supporter la part indicible de la parole.

Törless cherche à résoudre la contradiction entre la sensualité et l'intellect. Mais il est perdu dans un dualisme inextricable entre *la Chose* perçue qui semble réelle et le mot sur *la Chose* qui l'éloigne... de *la Chose*.

Par le lien charnel Törless se donne l'illusion de pénétrer l'intellect de Basini. Mais il succombe à la pulsion physique sans offrir d'amour. Il refuse son amour à Basini. Törless échoue dans son union des contraires en lui-même parce qu'il objective l'autre. Et le magnétisme qu'exerce Basini sur lui se dissout... Ce sans-autrui de 1906 quitte d'ailleurs le lycée sans honte, ni remords. En effet, pour parvenir à se réunir et lâcher la horde, il manque encore à l'adolescent Törless un accès vers un troisième terme : la Morale.

Confus et tourmenté, Törless est en guerre (*) intérieure. Il cherche à allumer la torche de sa conscience dans ce grenier où les cruels Reiting et Beineberg torturent Basini : *"La lanterne renversée, sa lumière se répandit aux pieds de Törless sur le plancher, paresseuse indifférente"* (69). La lanterne de Törless est malheureusement culbutée comme sa morale...

(*) ***Guerre*** *s'origine de "werra" mot germanique, "guerra" en espagnol et en italien; et "wirre" soit "confusion" en allemand, "wirren" signifie "embrouiller". "Bellum" dans sa forme archaïque latine "duellum" vient de la racine indo-européenne "dau", "tourmenter", "brûler" ; aussi de "daiô", "j'allume" et de "daidos", "la torche".*

La lanterne est symbole de la Connaissance qui illumine l'Homme et protège le fragile feu de l'Esprit. Cette lanterne renaît dans *Guernica* (70) sous la triple forme d'un plafonnier, d'une lampe et d'une torche. Un plafonnier à la lumière électrique en allégorie de la pulsion de mort ; une lampe à huile en métaphore de la pulsion de vie. Et comme synthèse d'espoir une torche que tient une femme, messagère divine incarnant un avenir radieux et... libre.

Non loin de la femme au centre du chef-d'œuvre, un cheval hennit violemment la douleur du Peuple.

Picasso prend le pinceau comme d'autres le fusil (§ 1) pour peindre l'inhumain (§ 2) et l'Humain rassemblés par une historique Beauté (§ 3).

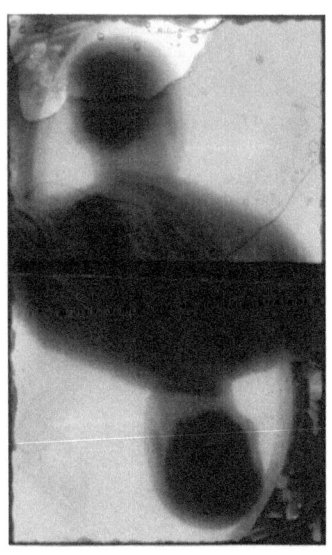

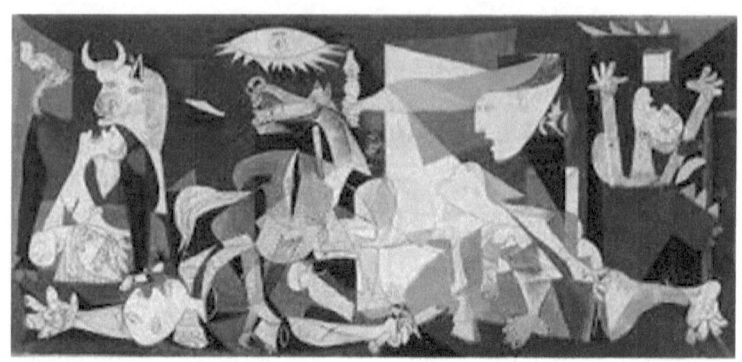

(70) PICASSO Pablo – *Guernica* (1937), huile (349,3 x 776 cm) – Madrid, Museo Nacional Centro de Arte Reina Sofia

III – *Guernica* : peindre l'Histoire et l'inhumain en l'Homme

§ 1 – Le dessin et la couleur : armes contre la guerre

Le XXe siècle et les deux guerres mondiales interrogent l'engagement politique de Picasso. Avec *Guernica*, sa démarche artistique s'engage dans une réflexion nouvelle sur la peinture d'Histoire. Sa période bleue témoigne déjà – par ses miséreux et autres marginaux – de sa conscience sociale. Le thème de la guerre est légion dans son œuvre qui s'oriente surtout à montrer le dur sacrifice des peuples.

Le charnier (71) – sur les camps d'extermination – ne singularise même plus les corps des mères, enfants ou pères, inhumainement assassinés...

Il peint l'inhumanité de la guerre dans *Massacre en Corée* (72) qui s'apparente au *Tres de Mayo* de Goya (73). De manière allusive, *La femme qui pleure* (74) – écho de l'actualité de la guerre civile espagnole – symbolise également la douleur et le désespoir humain.

Sa désillusion le détermine souvent à revenir à la Peinture : *Guernica* constitue sa réponse esthétique aux traumas de l'Histoire. Picasso transforme en allégorie la révolte contre la dictature : "*Je suis fier de le dire, je n'ai jamais considéré la Peinture comme un Art de simple agrément, de distraction ; j'ai voulu par le dessin et par la couleur, puisque c'étaient là mes armes, pénétrer toujours plus avant dans la connaissance du monde et des hommes, afin que cette connaissance nous libère chaque jour davantage (...). Oui, j'ai conscience d'avoir toujours lutté par ma Peinture en véritable révolutionnaire*" (75).

Guernica constitue l'une des rares commandes acceptées par Picasso. En 1937, le gouvernement d'Espagne lui achète pour l'inauguration du pavillon espagnol de l'*Exposition internationale des arts et des techniques dans la vie moderne*. Le critique d'art Christian Zervos soutient *Guernica* d'un texte éclairé dans ses *Cahiers d'art* (76) ; toutefois la confidentialité de l'œuvre demeure. La fresque poursuit un périple d'expositions et, comme propriété de l'Espagne, elle sert à trouver de l'argent pour soutenir l'armée républicaine.

Simultanément à l'explosion de la guerre en Europe, la légitimation de *Guernica* découle de son voyage aux Etats-Unis en 1939. Une série d'expositions s'ensuit jusqu'à la rétrospective *Pablo Picasso : forty years of his Art* au *Museum of Modern Art* de New York (novembre 1939-janvier 1940). La critique estime alors *Guernica* comme l'un des chefs-d'œuvre de l'art du XXe siècle. Picasso prête l'œuvre au MoMA sous réserve d'être remise à l'Espagne lors du rétablissement de la République. En 1981, huit ans après la mort de l'artiste, *Guernica* retrouve son pays pour s'installer provisoirement à Madrid dans une annexe du Prado, la *Cason del Buen retiro*. *Guernica* et ses travaux préparatoires s'établissent en 1992, au *Museo Nacional Centro de Arte Reina Sofia*.

§ 2 – La prémonition de la barbarie

Pour choisir le thème de *Guernica*, Picasso hésite longtemps et s'inspire du quotidien communiste *Ce soir*. Un article en images y montre le pilonnage – par les avions allemands commandés par le Caudillo – du village basque espagnol Guernica, le 28 avril 1937.

Cette actualité se transforme assez vite en étendard du combat pour sa liberté de la population espagnole. Pour l'ensemble de l'Europe, l'évènement s'affirme en allégorie prophétique de la noirceur à venir.

Dès son premier dessin du 1er mai 1937, l'artiste campe les protagonistes majeurs de sa fresque : la femme à la fenêtre tenant un flambeau, le cheval et le taureau. Picasso signe d'emblée son désir de créer un symbole universel de la douleur humaine. En onze jours, la quinzaine d'études préparatoires tracent un schème précis dans une surface toujours plus comprimée. Le 8 mai, le dessin de la mère à l'enfant mort apparaît. Le 11, l'artiste transfère sur toile le dessin n°15 et commence à peindre. Picasso réalise ensuite en 24 jours, la peinture même de *Guernica*.

Le format horizontal de la fresque peint un horizon de l'Histoire, construit de noir, de blanc et de gris. En ce long panoramique de quasiment huit mètres, la composition pyramidale aborde la Peinture comme un espace d'évolution de l'Homme entre vie et mort. Cette pyramide ordonne l'œuvre sous le signe d'un antagonisme majeur entre une dualité intérieure et un formidable équilibre. Antonio Oriol Anguera (77) distingue une division des neuf figures de *Guernica* en trois sections distinctes : les "*trois morts inutiles*" (une femme, un enfant, un homme) ; les "*trois cris désespérés*" (de la mère à l'enfant, de l'oiseau et du cheval) et "*les trois symboles caduques*" (Religion, Pouvoir et Sagesse).

Le contenu de l'œuvre pourtant imposant semble bridé comme l'Homme socialisé par la Culture.

La stabilité de la toile s'installe en horizontales-verticales-obliques et bas-haut-profondeur.

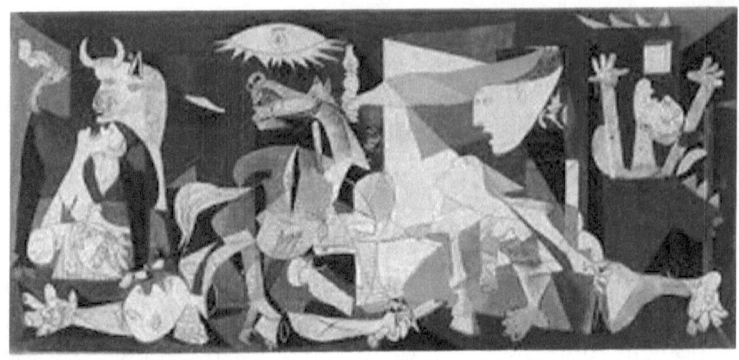

Une horizontale dessinée de mains, bras, pieds et jambes forme la base stable de la pyramide.
Au sol et centrale, la croix tracée sur un avant-bras coupé tenant encore un sabre brisé... signe à quel point la pulsion de mort est au comble.

Les verticales sont multiples. Par exemple sur la gauche, la main ouverte d'un cadavre semble soutenir la tête d'un enfant mort porté par sa mère tandis que la verticale se poursuit depuis la mère hurlante jusqu'au taureau.

Aussi diverses, les obliques dynamisent l'ensemble. Comme celle qui retrouve un élan vital par le tracé de la tête d'un mort au sol vers la tête du cheval que surmonte la lumière d'une lampe. Des mouvements duels s'associent à l'œuvre pour créer une tension intime (deux diagonales ; deux femmes en cris).

La surface entière apparaît à la fois décidée et contrainte. La composition monumentale de *Guernica* déroule une frise en trilogies.
Avec un rythme trois, deux, un, Pablo Picasso structure l'espérance inspirée d'une conjonction d'opposés.

La première trilogie formelle émerge d'une horizontale affirmée, bien terrestre et de mode Mère. Elle s'étend d'une figure implorante au bras serrant la lampe, passe sur l'enfant mort et s'achève au guerrier.

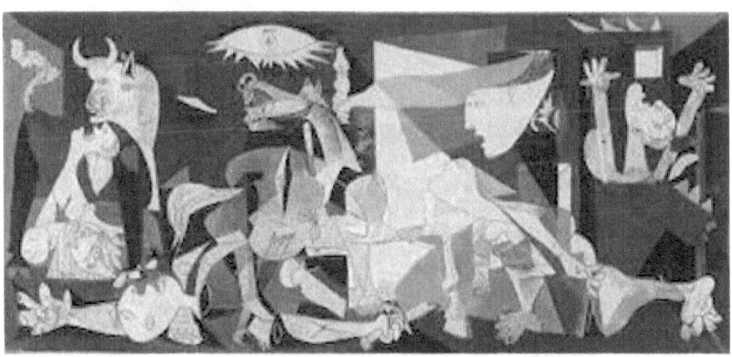

Trois verticales, célestes et de mode Père, s'affrontent et fragmentent l'étendue : à droite et à gauche deux femmes hurlent et... un taureau – avide mâle indompté – se dresse.

Cette armature horizontale et verticale vivifie *Guernica* par des mouvements cachés et apparents. La synthèse se dévoile en pyramide grâce à deux vigoureuses diagonales conduisant chacune à la lampe.

L'oblique gauche monte depuis la main du guerrier, gravée d'une étoile diaboliquement inversée, vers le visage de l'enfant mort, suit le bord d'une table sombre et parvient... à la lumière.

L'oblique droite emprunte le chemin tracé par la main, le bras et le cou de l'implorante jusqu'au fanal.

A la fois stable et tendue, la pyramide transmet à toute la toile une tension duelle bas-haut et canalise l'ensemble des variations. Cette seconde trilogie se construit sur un fond architecturé qui donne une impression d'abîme, de confusion... et d'union ; d'accord entre le dedans et le dehors, entre l'avant et l'arrière.

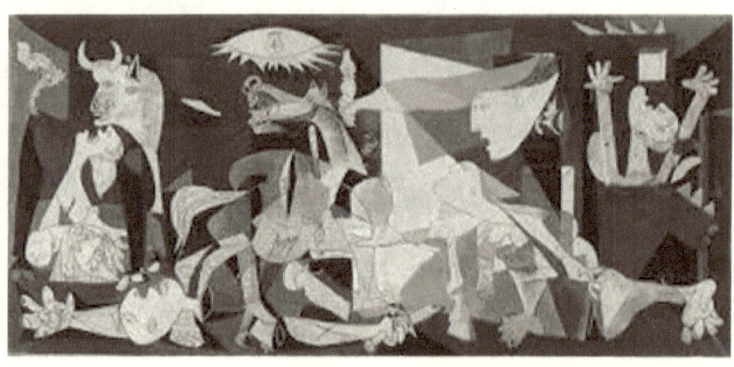

La fresque donne le sentiment d'une oscillation permanente unie et divisée, vaste et opprimée. *Guernica* demeure pourtant désarticulée... en figure de la destruction.

L'observateur est face à sa dualité intérieure et devant le chaos d'une guerre extérieure. Pour se sauver de cette ambivalence, son rôle consiste à déchiffrer les multiples chemins offerts au travers d'un labyrinthe de signifiants : corps, animaux, cris, lumière électrique et lumière de lampe à huile, etc.

§ 3 – Une peinture d'Histoire

En s'affranchissant de l'anecdotique – nonobstant le titre – et par la monumentalité de *Guernica*, Picasso rivalise avec l'Histoire, particulièrement avec le genre singulier de la Peinture de bataille.

"*A l'intérieur de ce schéma d'ensemble, les références à l'histoire de l'art sont quasiment infinies*" précise la critique Guitemie Maldonado (78). Les hommages s'y succèdent en effet : du *Massacre des innocents* de Poussin (79) à Goya pour *Les désastres de la guerre* (54) et *El très de Mayo* (73) qu'évoquent les gestes des bras, etc.

La conscience collective du XXe siècle s'agite au chaos de la guerre d'Espagne. Le sens moral incrimine la disproportion des puissances et la souffrance supportée par le peuple espagnol. Pablo Picasso peint un arbre de douleur qui réalise l'Histoire en Peinture.

Guernica forme un condensé pictural du tragique humain imaginé sous de multiples doubles sens : individuel-collectif, conjoncturel-symbolique, tradition-modernité, humain-inhumain... "*En un rectangle noir et blanc telle que nous apparaît l'antique tragédie, Picasso nous envoie notre lettre de deuil : tout ce que nous aimons va mourir, et c'est pourquoi il était à ce point nécessaire que tout ce que nous aimons se résumât, comme l'effusion des grands adieux, en quelque chose d'inoubliablement beau*" (80).

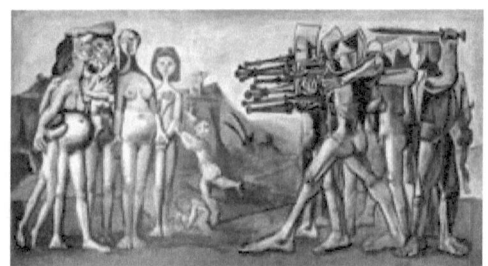

(72) PICASSO Pablo – *Massacre en Corée* (1951), huile sur contreplaqué (109,5 x 209,5 cm) – Paris, Musée Picasso

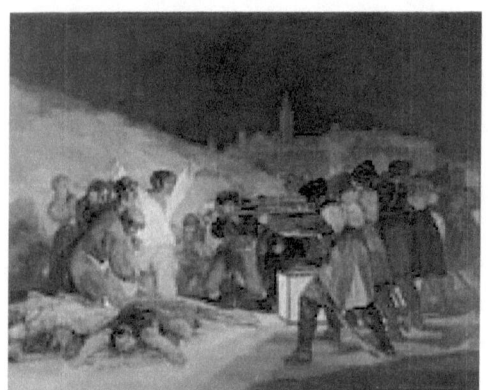

(73) GOYA Francisco de – *Tres de Mayo* ou *Le 3 mai 1808* (1814), huile (2,66 x 3,45 m) – Musée du Prado de Madrid

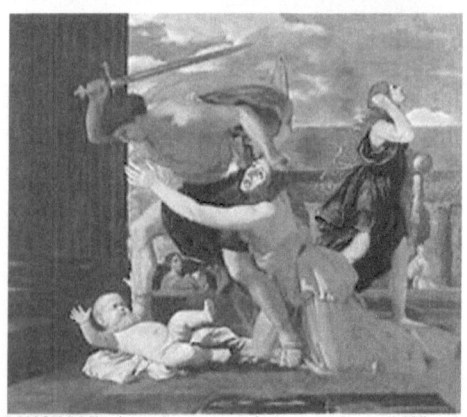

(79) POUSSIN Nicolas – *Le massacre des innocents* (entre 1625 et 1632), huile sur toile (147 x 171 cm) – Musée Condé

L'Homme vit une éternelle guerre intérieure du désir dont la Culture porte les fruits amers avec la pulsion de mort.

Cette ambivalence humaine révèle toutefois une dynamique que mobilise le double fondement du langage. Les modes Mère-Père activent la puissance d'être à la condition d'accepter une prédominance mesurée du langage Père.

Inversement, l'excès du langage Mère déstabilise le XXIe siècle. La toute-puissance de Narcisse blesse la Civilisation sous le joug d'un capitalisme financier inhumain.

La barbarie s'inscrit de fait en l'Humain. Aujourd'hui, et depuis toujours, l'Humain, 'primitif' ou 'civilisé', porte en son sein l'inhumain. L'inhumanité de l'Homme est un élément constitutif de l'Etre qui agit l'Individu comme la Société. Intérieure comme extérieure, la guerre est toujours le plein emploi de la pulsion de mort.

Cet inhumain niché dans l'Humain souligne son dualisme le plus impérieux sis entre l'entrave sociale et sa jouissance personnelle. L'Histoire et l'actualité prouvent en permanence cette réalité. En tout état de cause, la Culture – certes imparfaite et fragile – instaure une solution.

"C'est dans le chaos de la guerre que surgit l'harmonie de l'union et de la solidarité. C'est face à la violence de la mort, l'immémorial Thanatos, que s'élève la force du désir, l'immémorial Eros" (81).

Certains des chefs-d'œuvre de l'Art – qui dévoilent la tragédie de la condition humaine – offrent une synthèse des contraires entre *la Chose* et la métaphore paternelle.

La Chose est l'une des conditions utiles aux constructions sociales – religieuses, juridiques, artistiques ou politiques – mais son chaos dispersé requiert de la contenir comme un animal. La maîtrise de *La Chose* croise la Loi du Père et son retour nécessaire dans la société contemporaine.

Face à cet insaisissable magma, l'esprit doit reprendre le contrôle de la matière. "*Ce que dit la Bouche d'Ombre*" (82) prend trop l'ascendant sur le spirituel de l'Homme...

"*Comme dans les étangs assoupis sous les bois*
Dans plus d'une âme, on voit deux choses à la fois
Le ciel, qui teint les eaux à peine remuées
Avec tous ses rayons et toutes ses nuées
Et la vase, fond morne, affreux, sombre et dormant
Où des reptiles noirs fourmillent vaguement".

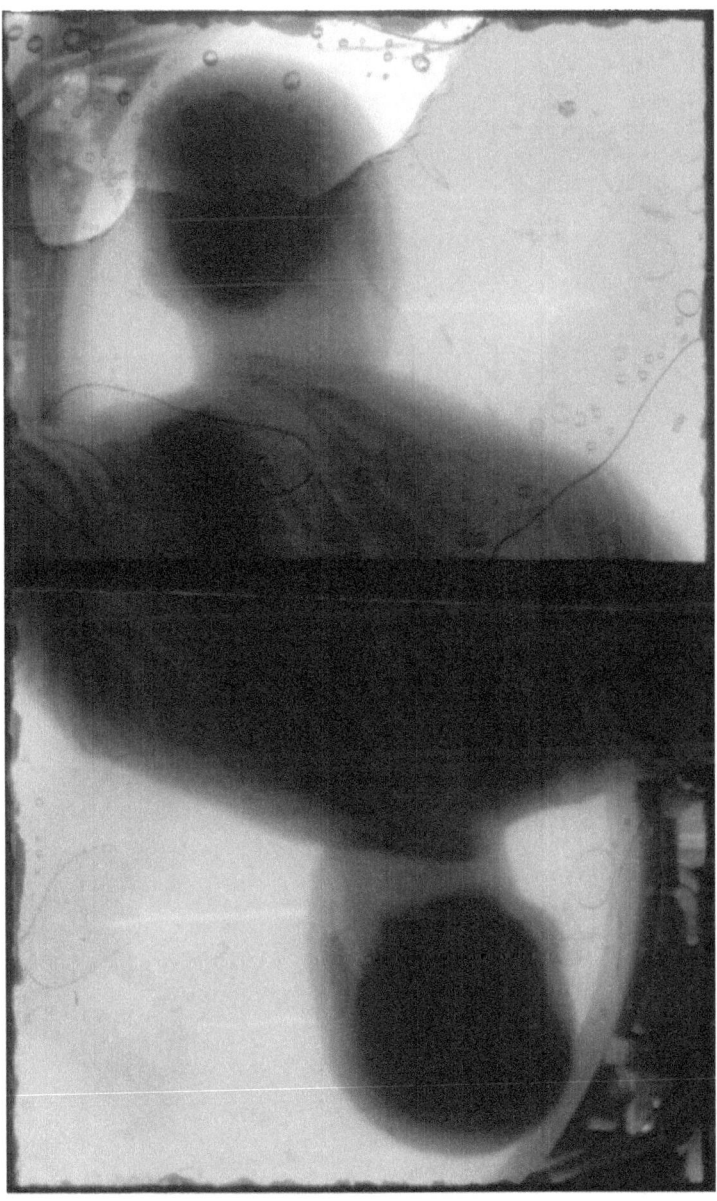

L'inhumain ou la guerre en l'Homme - Bernard Gast © I Gallery Editions

Notes bibliographiques & Illustrations

Introduction

(1) NIETZSCHE Friedrich – *Ecce Homo* (1888), traduit par H. Albert et A.-M. Desrousseaux – http://fr.wikisource.org/wiki/Humain,_trop_humain (page 483)
(2) FREUD Sigmund – *Actuelles sur la guerre et la mort*, 1915 – in *Essais de psychanalyse* (S. Jankelevitch), *Chapitre I* (p. 219 à 235) = p. 227 – Payot, 1951
(2 bis) FREUD Sigmund – *Pulsions et destins des pulsions* (1915) – Gallimard, collection Folio Essais, p. 11 à 43

Partie 1 – Ambivalence affective de l'individu : conflit intime perpétuel du désir

I – De l'humain

(3) LACAN Jacques – *Note italienne*, in *Autres écrits* (1973) – Seuil p. 311
(4) LACAN Jacques – *Fonction et champ de la parole et du langage en psychanalyse*, 1953, in *La psychanalyse*, volume I, 1956, PUF p. 81-166 et in *Écrits*, SEUIL, 1966, p 155
(5) LACAN Jacques – *Le triomphe de la religion*, Paris, Seuil, 2005 et *la troisième*, *Lettres de l'EFP*, n° 18, 1975
(5 bis) En 1971, Jacques Lacan contracte "La langue" en "Lalangue". Par ce néologisme, il nomme le langage de l'inconscient. Lire aussi "*La naissance de lalangue*" sur *https://www.cairn.info/revue-essaim-2012-2-page-7.htm*
(6) LACAN Jacques – *L'objet de la psychanalyse*, Livre XIII (1965-1966) – Seuil
(7) LACAN Jacques – *Le séminaire, livre IV : La relation d'objet* (1956-1957) – Seuil
(8) LACAN Jacques – *Encore, Le Séminaire*, Livre XX (1972-1973) – Seuil, p 114
(9) KANT Emmanuel (1724-1804) – *Fondements de la métaphysique des moeurs* (1785), traduit par Victor Delbos – Librairie Vrin, in Première section : *Passage de la connaissance rationnelle commune de la moralité à la connaissance philosophique* : p. 55 à 73

II – De l'inhumain

(10) MONTAIGNE Michel de (1533-1592) – *Les essais* (1572-1592), in *Chapitre XXXI : Des cannibales* et in *Livre III, chapitre VI : Des coches* – Traduction en français moderne par A. Lanly – Gallimard, Collection Quarto
(11) PLAUTE Titus Maccius (254-184 avant J.C.) – *Asinaria* ou *La Comédie des ânes* (env. 195 avant J.C.) – Trad. Alfred Ernout – Les belles lettres
(12) ERASMUS DESIDERIUS Roterodamus, dit ERASME (1466?-1536) – *Les Adages* – Les Belles Lettres
(13) RABELAIS François (1483?-1553) – *Le Tiers Livre des faits et dits Héroïques du noble Pantagruel : composés par M. François Rabelais, Docteur en Médecine, et Calloier des Iles d'Hyeres* (1546) – Edition numérisée : http://www.bvh.univ-tours.fr/Consult/index.asp?numfiche=61&numtable=BMT_3537

(14) AGRIPPA D'AUBIGNE Théodore (1552-1630) – *Les Tragiques* (1616) – Gallimard, coll. "Poésie", in Livre I
(15) BACON FRANCIS (1561-1626) – *Novum Organum* (1620), notes de MM Malherbe et Pousseur – PUF Epiméthée
(16) HOBBES Thomas (1588-1679) – *De cive* (*Le Citoyen*), ou les fondements de la politique (1642) in Préface – Edition électronique sur http://classiques.uqac.ca/classiques/hobbes_thomas/le_citoyen/citoyen_preface.html – "*Je montre d'abord que l'état des hommes sans société civile (quel état peut être nommé l'état naturel) est rien sauf une guerre de tous contre tous*"
(17) SCHOPENHAUER – *Le Monde comme Volonté et comme Représentation* (1819) http://fr.wikisource.org/wiki/Le_Monde_comme_volonté_et_comme_représentation
(18) FREUD Sigmund – *Malaise dans la culture (Le)*, (1930), PUF
(19) ROUSSEAU Jean-Jacques – *Discours sur l'origine et les fondements de l'inégalité parmi les hommes* (1755), présenté par Jacques Roger – GF Flammarion
(20) ROUSSEAU Jean-Jacques (1712-1778) – *Émile, ou De l'éducation* (1762) par Michel LAUNAY – Garnier-Flammarion
(21) SENEQUE – *Lettres à Lucilius*, XCV, 33
(22) FREUD Sigmund – *Une difficulté de la psychanalyse* (1917) in *Essais de psychanalyse* – Payot
(24) FREUD Sigmund – *Au-delà du principe de plaisir* (1920), *Essais de psychanalyse*, Payot (Jankélévitch), p. 5
(25) FREUD Sigmund – *Psychanalyse et théorie de la libido*, (1923), *Résultats, idées, problèmes* – Tome II PUF

III – La loi des contraires et de l'ambivalence : positif du négatif

(26) FREUD Sigmund – *Le moi et le ça* (1923), *Essais de psychanalyse*, Payot (Jankélévitch) *Moi et le Soi* p 163
(27) FREUD Sigmund – *Le problème économique du masochisme* (1924) *Névrose, psychose et perversion* – PUF
(28) FREUD Sigmund, EINSTEIN Albert – *Pourquoi la guerre ?* (1932) in *Résultats, idées, problèmes*, T. II – PUF, p. 203-216 (Lettre ouverte sous l'impulsion de l'*Institut international de coopération intellectuelle* en lien avec la *S.D.N.*, dans le dessein de fortifier l'action pour la paix)
(28 bis) FREUD Sigmund – *Psychologie des masses et analyse du moi* (1921), in *Essais de psychanalyse*, Payot (Jankélévitch), p. 76-162, (Freud rappelle dans *Pourquoi la guerre ?* les identifications évoquées dans cet écrit)
(29) FREUD Sigmund – *Nouvelle suite des conférences d'introduction à la psychanalyse* (1933), Gallimard
(30) FREUD Sigmund – *L'analyse finie et l'analyse sans fin* (1937), *Résultats, idées, problèmes* – PUF, t. II
(31) FREUD Sigmund – *Abrégé de psychanalyse* (1938) – PUF
(31 bis) ASSOUN P-L – *Dictionnaire des œuvres psychanalytiques* – PUF, p 956 à 961
(32) FREUD Sigmund – *Introduction à "Sur la psychanalyse des névroses de guerre"* (1919) (*Einleitung zu "Zur Psychoanalyse der Kriegsneurosen"*), in *Résultats, idées, problèmes*, I, PUF pages 243–247

(33) FREUD Sigmund – *Totem et Tabou, quelques concordances entre la vie psychique des sauvages et des névrosés* (1913) – Payot p 18
(33 bis) LEVI-STRAUSS Claude, *Les structures élémentaires de la parenté* 1949), in 2 *(problème de l'inceste)* – PUF
(34) ENRIQUEZ Eugène, *DE LA HORDE A L'ETAT, Essai de psychanalyse du lien social* – Nrf/Gallimard, p 38
(35) LEGENDRE Pierre – *Jouir du pouvoir. Traité de bureaucratie patriote* (1976) – Coll. *Critique*, éditions de Minuit
(35 bis) HERACLITE (vers 544-480 av. J.C.) – *Fragments* (traduction et notes Jean-François Pradeau) – Flammarion GF
(36) FREUD Sigmund – *Dostoïevski et le parricide* (1928) – in *Résultats, idées, problèmes*, tome II, p. 161-180 – PUF
(37) FREUD – *L'homme Moïse et la religion monothéiste* – Gallimard pages 21, 213
(37 bis) HEIDEGGER Martin – *Essais et conférences* (1949), traduit de l'Allemand par André Préau et préfacé par Jean Beaufret – nrf Gallimard. L'original est paru à Pfulligen en 1954 sous le titre : *Vortrage und Aufsatze*. Les quatre conférences de Martin Heidegger ont eu lieu au Club de Brême (décembre 1949) sous l'appellation générale *Einblick in das was ist* (*Regard dans ce qui est*). Parution dans le tome 79 de la *Gesamtausgabe, Bremer und Freiburger Vorträge*. Les conférences se présentaient dans l'ordre suivant : *das Ding* (La chose), *das Gestell* (Le dispositif), *die Gefhar* (Le péril) et *Die Kehre* (Le tournant) – En ligne sur : https://prepasaintsernin.files.wordpress.com/2020/06/heidegger-essais-et-confc3a9rences.pdf
(37 ter) HEIDEGGER – *Chemins qui ne mènent nulle part* (1950) – Gallimard p. 79
(38) LACAN Jacques – *L'éthique de la psychanalyse, Le Séminaire VII* (1959-1960) – Seuil pages 85, 101, 201 à 227
(39) CHEMAMA Roland – VANDERMERSCH Bernard – *La Chose* in *Dictionnaire de la Psychanalyse* – Larousse
(40) FREUD Sigmund – *Actuelles sur la guerre et la mort* (1915) in *Essais de psychanalyse* (S. Jankelevitch), in *IV, Chapitre II - Notre attitude à l'égard de la mort* – Payot, 1951, p. 238 et p. 250

Partie 2 – Incidence contemporaine de l'ambivalence humaine : une société sans père

I – La dictature du narcissisme abusif

(41) LEBRUN J-P – *La perversion ordinaire. Vivre ensemble sans autrui*, Denoël 2007
(42) MELMAN Charles – *L'homme sans gravité*, entretien avec J-P Lebrun, Denoël
(43) MELMAN Charles – *La nouvelle économie psychique* avec J-Pierre Lebrun, Erès
(44) DELEUZE – *Michel Tournier et le monde sans-autrui* – Logique du sens, Minuit
(45) TOURNIER Michel – *Vendredi ou les limbes du Pacifique* (1967) – Folio
(46) FREUD Sigmund – Préface au livre de AICHHORN August – *Jeunes en souffrance* (1925) Champ social p. 6
(47) FORGET J-M – *L'adolescent face à ses actes Et aux autres* – Erès 2005 p. 116
(48) LACAN – *Congrès sur les psychoses de l'enfant* (1968) – Denoël, *L'espace analytique*
(49) SZLAMOWICZ Jean – *Les moutons de la pensée* – Cerf 2022

II – L'Homme fragmenté et ses conséquences

(50) DE GAULEJAC Vincent – LENOETTI Taboada – *La lutte des places* (1994) – Desclée de Brouwer
(51) RABHI Pierre – *Vers la sobriété heureuse* (2010) – Actes sud

Partie 3 – L'Art en synthèse sublimée de l'ambivalence humaine

(52) PRAZ Mario (1896-1982) – *La Chair, la Mort et le Diable dans la littérature romantique* (1930) – Gallimard/Tel
(52 bis) DECONCHAT André – *Goya, graveur des lumières* (2008) – Dossier de l'art n° 151, avril 2008, p. 59-69
(52 ter) TODOROV Tzvetan – *Goya à l'ombre des lumières* – Flammarion

I – Goya, le désenchanteur : le fond noir de l'Humain

(53) GOYA Francisco de – *Les Caprices* (1799) – 80 gravures : eau-forte et aquatinte, Francfort-sur-le-Main, Städel Museum
(54) GOYA – *Les désastres de la guerre* (1810-1820) – 1re éd., 1863, eau-forte, pointe sèche, burin et brunissoir, Francfort-sur-le-Main, Städel Museum
(55) GOYA, un regard libre – *Catalogue des expositions* de Lille au Palais des Beaux-Arts (12 décembre 1998-14 mars 1999) et de Philadelphie au Philadelphia Museum of Art (17 avril 1999-11 juillet 1999) avec le commissariat d'Arnauld Brejon de Lavergnée et Joseph J. Rishel – RMN (Réunion des Musées Nationaux) – Article d'Yves Bonnefoy : *Goya pour la fin du siècle* p. 42
(56) CUESTA M. Cano – *Goya en la Fundacion Lazaro Galdiano* (1999), Madrid
(57) GOYA Francisco de – *Capricho* n° 23 : *Aquellos polvos* in *Les Caprices* (1799) L'inquisition se sent attaquée pour la mention : *Aquellos polvos (Ces poussières)... Trajeron estos lodos (transportèrent ces boues).* Obscure allusion du titre, en un double sens orienté contre le parquet, et non contre l'inculpé.
(58) GOYA Francisco de – *Capricho* n° 1 : *Francisco Goya y Lucientes, Pintor* in *Les Caprices* (1799) – Francfort-sur-le-Main, Städel Museum
(59) GOYA – *Capricho* n° 6 : *Nadie se conoce* in *Les Caprices* (1799) – Déjà cité
(60) GOYA Francisco de – *Capricho* n° 43 : *El sueño de la razón produce monstruos* in *Les Caprices* (1799) – Déjà cité ci-dessus – "*...El Autor soñando. Su intento solo es desterrar vulgaridades perjudiciales y perpetuar con esta obra de caprichos, el testimonio sólido de la verdad*" – Ce caprice faillit être la couverture des 80 *Caprices*.
(61) GOYA – *Capricho* n° 13 : *Estan calientes* in *Les Caprices* (1799) – Déjà cité
(62) GOYA Francisco de – *Capricho* n° 42 : *Tu que no puedes* (*Toi qui ne peux pas*) in *Les Caprices* (1799) – Déjà cité – Deux campagnards supportant deux ânes heureux, évoquent la politique des classes divisées entre les inactifs (religieux, nobles) et le peuple.
(63) GOYA Francisco de – *Capricho* n° 63 : *Miren que graves !* (*Regardez comme c'est sérieux !*) in *Les Caprices* (1799) – Déjà cité (durcit le propos : les campagnards sont des ânes montés par des monstres dont un oiseau de proie. La réforme agraire en échec, ces asservis se découvrent exploités par la voracité aristocratique, et religieuse).
(64) GOYA – *Capricho* n° 37 à 42 : *Asnerias* in *Les Caprices* (1799) – Déjà cité

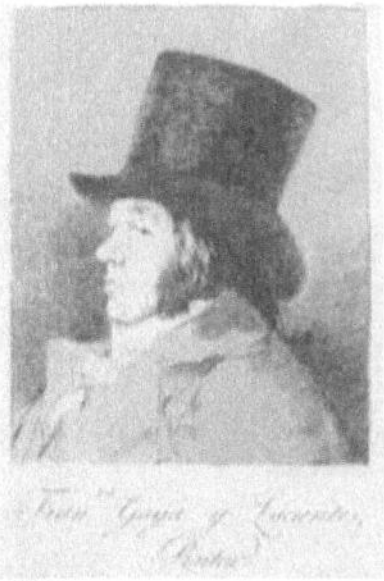

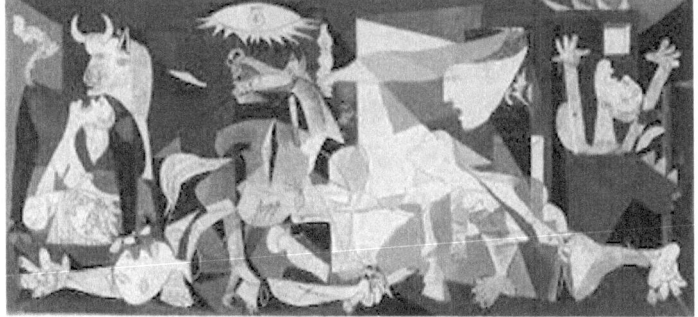

(58) *Capricho* n° 1 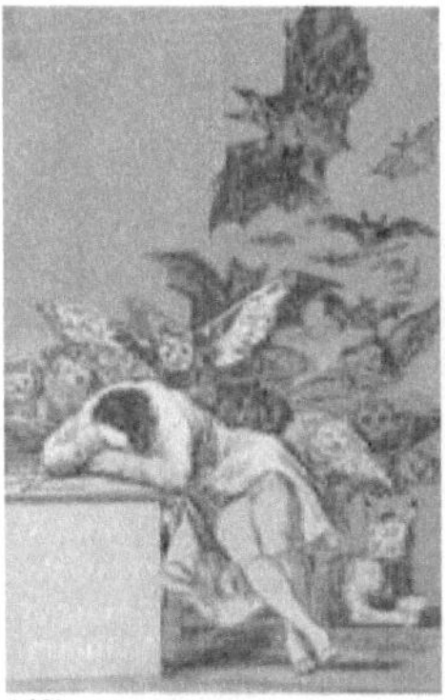   **(60)** *Capricho* n° 43 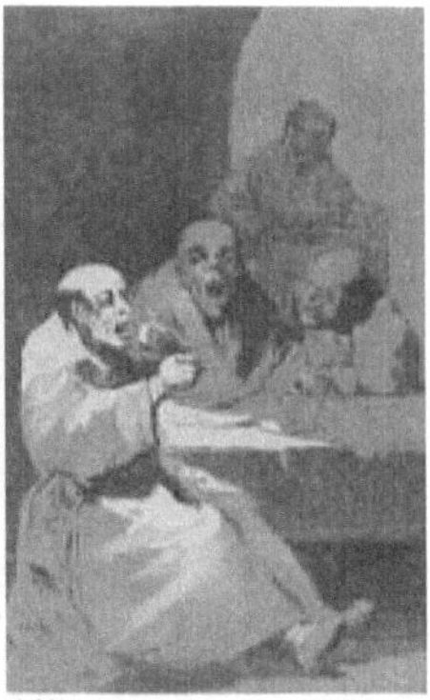   **(61)** *Capricho* n° 13

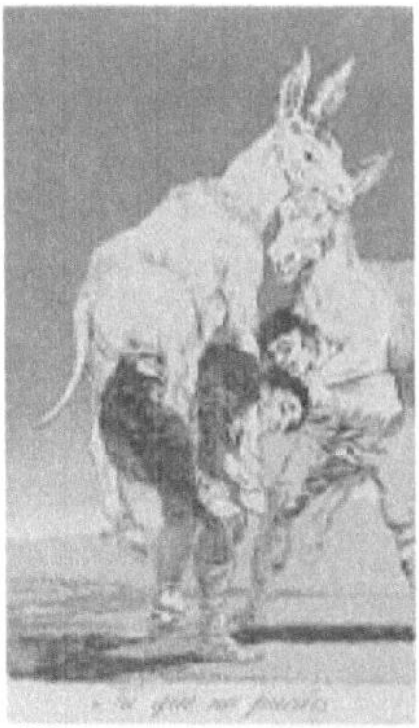

(62) *Capricho* n° 42 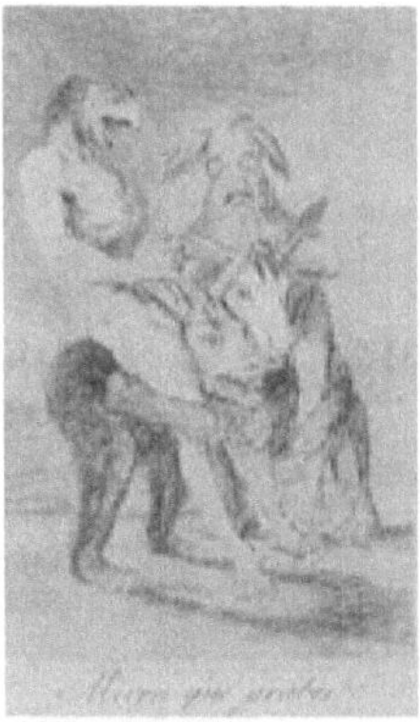   **(63)** *Capricho* n° 63 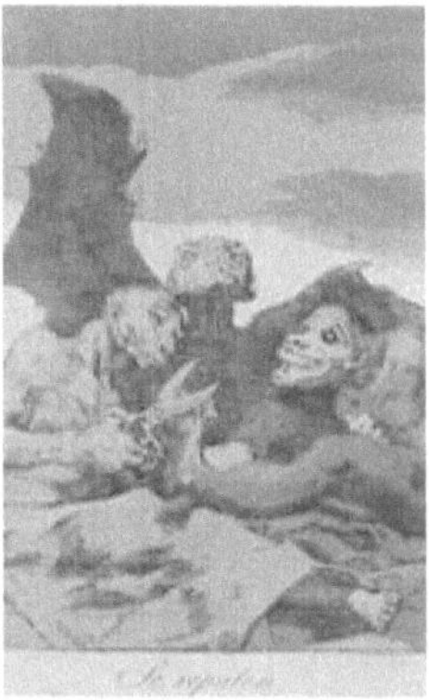   **(65)** *Capricho* n° 51

(70) PICASSO Pablo – *Guernica* (1937), huile (349,3 x 776 cm)

(65) GOYA Francisco de – *Capricho* n° 51 : *Se repulen* in *Les Caprices* (1799) – Déjà cité – Un monstre coupe les ongles d'un autre alors qu'un troisième déploie ses aîles... Soit le rappel de l'interdit par la sorcellerie d'avoir les ongles longs (*Manuscrit du Prado*), soit une critique acerbe de l'état (*Manuscrit d'Ayala*), soit une caricature des salariés fraudeurs (*Manuscrit de la Bibliothèque Nationale d'Espagne*).
(66) SCHNEEDE Uwe M. – *Internationale du Surréalisme*, Paris (1938), In Bernd Klüser, Katharina Hegewisch: Die Kunst der Ausstellung. Eine Dokumentation dreißig exemplarischer Kunstausstellungen dieses Jahrhunderts
(67) MALRAUX André – *Les Voix du silence* (1936-1951) – nrf/Gal. de la Pléiade
(68) GOYA – *Le chien dans le gouffre* (Peintures noires : 1819-1823) – Prado, Madrid

II – Les Désarrois de l'élève Törless pressentent le fascisme

(69) MUSIL Robert (1880-1942) – *Les désarrois de l'élève Törless* (1906) – Points Seuil p. 61 et 113

III – *Guernica* **: peindre l'Histoire et l'inhumain en l'Homme**

(70) PICASSO Pablo – *Guernica* (1937), huile (349,3 x 776 cm) – Madrid, Museo Nacional Centro de Arte Reina Sofia
(71) PICASSO Pablo – *Le charnier* (1944), huile et fusain (199,8 x 250,1 cm) – New York, The Museum of Modern Art
(72) PICASSO Pablo – *Massacre en Corée* (1951), huile sur contreplaqué (109,5 x 209,5 cm) – Paris, Musée Picasso
(73) GOYA Francisco de – *Tres de Mayo* ou *Le 3 mai 1808* (1814), huile (2,66 x 3,45 m) – Musée du Prado de Madrid
(74) PICASSO Pablo – *La femme qui pleure* (26 octobre 1937), huile sur toile (59,5 x 49 cm) – Londres, Tate Modern
(75) PICASSO – *Why I became a Communist* (1944), *New Masses*, 24-10-1944, p. 11
(76) ZERVOS Christian (1889-1970) – *Guernica* (1937) – Cahiers d'art, 4-5
(77) ORIOL ANGUERA Antonio – *Guernica* (1979), Société Française du Livre
(78) MALDONADO Guitemie – *Lire la peinture de Picasso* (2007) – Larousse
(79) POUSSIN Nicolas – *Le massacre des innocents* (entre 1625 et 1632), huile sur toile (147 x 171 cm) – Musée Condé
(80) LEIRIS Michel – *Faire-part* (1937), dans le *Cahiers d'art* sur *Guernica & Un génie sans piédestal et autres écrits sur Picasso*, présentés par M.-L Bernadac – Fourbis

Conclusion

(81) LOISON Raphaël, poète, traducteur & écrivain, fidèle ami de longue date
(82) HUGO Victor (1802-1885) – *Œuvres poétiques, Les Contemplations,* Livre VI, poème XXVI – *Ce que dit la Bouche d'Ombre* (1855) – Edition et présentation de Pierre Albouy – *La pléiade 1967*

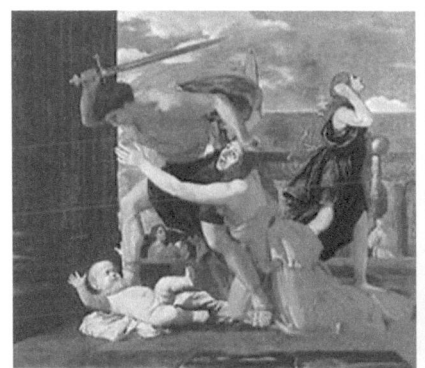
(79) POUSSIN, *Le massacre des innocents*

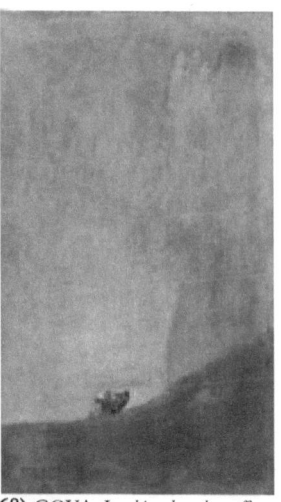
(68) GOYA, *Le chien dans le gouffre*

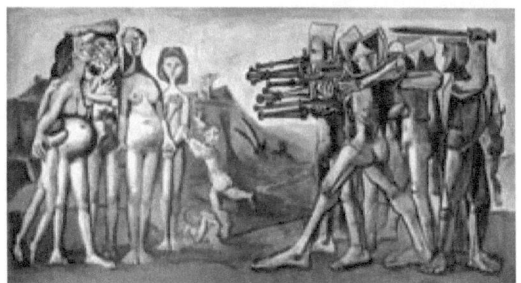
(72) PICASSO Pablo – *Massacre en Corée* (1951)

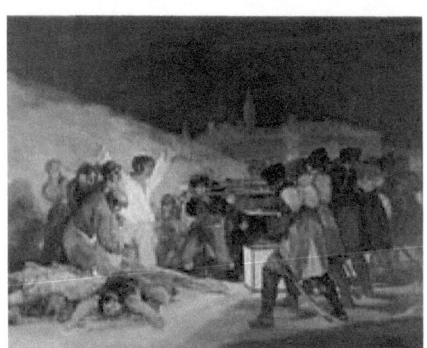
(73) GOYA, *Tres de Mayo* ou *Le 3 mai 1808* (1814)

À propos de l'auteur

Bernard Gast est artiste-plasticien, philosophe et psychanalyste

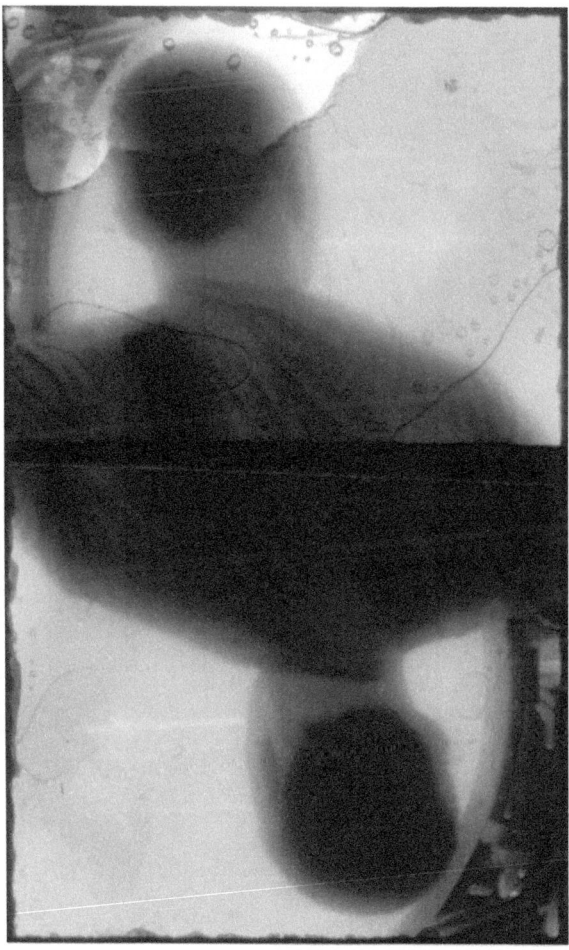

La bascule (2011) - *Peinture-avec-le-Cinéma* (1 x 1,30 m) © Bernard Gast

L'inhumain ou la guerre en l'Homme

Copyright © I Gallery Editions

Tous droits réservés
ISBN : 9798804647934

Contact : igalleryeditions@free.fr

L'inhumain ou la guerre en l'Homme
Bernard Gast

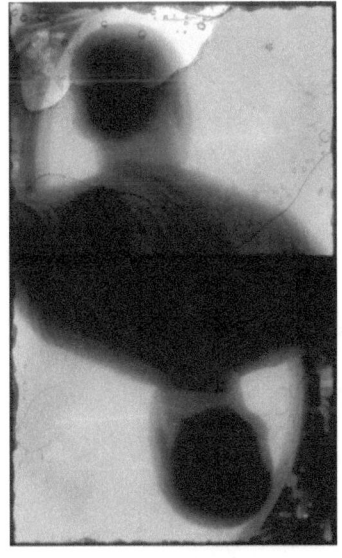

Contact : igalleryeditions@free.fr
Copyright © I Gallery Editions 2022

Chez
I GALLERY EDITIONS
par
Collection

Roman

Fumi BIGOT – *La maison des beaux dormants*

Bien-être & Cuisine

Bessie COOK – *Mini-recettes pour maigrir*

Essais

Anonyme médiéval – *Le Royaume* (Spiritualité)

Bernard GAST – *L'inhumain ou la guerre en l'Homme* (Philosophie)

Bernard GAST – *The inhuman or war within Man* (Philosophy)

Marc VAUTHIER – *L'industrie de demain et la dépollution des sols* (Science)

Art

Anne MICHALSON – *La Peinture avec le Cinéma de Bernard Gast*

Contact : igalleryeditions@free.fr

www.ingramcontent.com/pod-product-compliance
Lightning Source LLC
Chambersburg PA
CBHW020452220526
45464CB00002B/958